INTOLÉRANCE
AU GLUTEN

Cet ouvrage a été originellement publié par Édimag inc., en 2003, sous le titre:
Intolérance au gluten, le grand cri de l'intestin

De la même auteure chez le même éditeur:
Dites non à la douleur, © Édimag 2003

Courrier électronique de l'auteure: gisele.frenette@globetrotter.net

C. P. 325, Succursale Rosemont
Montréal (Québec), Canada H1X 3B8
Téléphone: (514) 522-2244
Courrier électronique: info@edimag.com
Internet: www.edimag.com

Éditeur: Pierre Nadeau
Couverture: Echo International inc.
Infographie: Projet Bleu
Révision: Paul Lafrance

Dépôt légal: deuxième trimestre 2006
Bibliothèque et Archives nationales du Québec
Bibliothèque nationale du Canada

Québec ::   Canada

L'éditeur bénéficie du soutien de la Société de développement des entreprises cultu-
relles du Québec pour son programme d'édition.

Nous reconnaissons l'aide financière du gouvernement du Canada par l'entremise
du Programme d'aide au développement de l'Industrie de l'édition (PADIÉ) pour
nos activités d'édition.

GISÈLE FRENETTE

INTOLÉRANCE
AU GLUTEN

COMMENT RECONNAÎTRE
CETTE MALADIE

EDIMAG
PRÈS DU PUBLIC

NE JETEZ JAMAIS
UN LIVRE

La vie d'un livre commence à partir du moment où un arbre prend racine. Si vous ne désirez plus conserver ce livre, donnez-le. Il pourra ainsi prendre racine chez un autre lecteur.

Edimag inc. est membre de l'Association nationale des éditeurs de livres (ANEL)

DISTRIBUTEURS EXCLUSIFS

POUR LE CANADA ET LES ÉTATS-UNIS
LES MESSAGERIES ADP
2315, rue de la Province
Longueuil (Québec) CANADA   J4G 1G4

Téléphone: (450) 640-1234
Télécopieur: (450) 674-6237

POUR LA SUISSE
TRANSAT DIFFUSION
Case postale 3625
1 211 Genève 3   SUISSE

Téléphone: (41-22) 342-77-40
Télécopieur: (41-22) 343-46-46
Courriel: transat-diff@slatkine.com

POUR LA FRANCE ET LA BELGIQUE
DISTRIBUTION DU NOUVEAU MONDE (DNM)
30, rue Gay-Lussac
75005 Paris   FRANCE

Téléphone: (1) 43 54 49 02
Télécopieur: (1) 43 54 39 15
Courriel: info@librairieduquebec.fr

« *Que ton aliment
soit ta seule médecine !* »

– **Hippocrate** (460 à 377 av. J.C.)

Table des matières

Introduction

Ce livre représente l'espoir pour les milliers de gens souffrant d'un trouble de santé difficile à diagnostiquer. Ce trouble semble se cacher sous de multiples déguisements, induisant les médecins en erreur, les obligeant à revenir sur leurs pas, tandis que ces personnes souffrent, essayant tant bien que mal de continuer à jouir de la vie. De nos jours, les maladies auto-immunes paraissent de plus en plus fréquentes : on parle de fibromyalgie, de fatigue chronique comme s'il s'agissait de virus plus que banals, les allergies causent des ravages à la santé d'une grande partie de la population, et voilà maintenant que la maladie cœliaque, une condition jusqu'alors considérée comme assez rare en Amérique du Nord, est elle aussi de plus en plus observée.

Ce livre est le fruit d'années de souffrances personnelles, de même que de recherches dans mon travail en santé naturelle avec des centaines de clients cherchant eux aussi la solution à leurs maux. La maladie cœliaque ou intolérance au gluten atteint sans faire de discrimination le nourrisson, le jeune adulte ou la personne d'âge mûr. Le but de mon écrit est d'élucider son mystère pour permettre un diagnostic rapide, car la guérison est à la portée de tous, n'exigeant qu'un peu de patience et de volonté.

En parcourant ce livre, le lecteur apprendra à mieux connaître le sujet, ce qui lui permettra de reconnaître la maladie et de viser à un diagnostic exact, sans détour inutile, minimisant ainsi les dommages à sa santé.

Le premier chapitre nous fera voyager à travers les années, pour nous mener à la connaissance actuelle de la condition, puis le chapitre 2 nous en décrira les causes et les symptômes. Le chapitre 3 nous montrera comment dépister la maladie, et le chapitre 4 nous décrira ses complications possibles.

Les chapitres 5 et 6 nous indiqueront avec plus de détails ce qui contient du gluten, ainsi que les aliments permis. Les chapitres suivants nous enseigneront comment reconstruire notre santé physique et mentale. Enfin, quelques témoignages mettront à jour la réalité de la condition.

J'espère que la lecture de ce livre vous procurera un réconfort, un espoir réel de recouvrer la santé. Ce que j'ai cherché et espéré tout au long de ma vie, je vous l'offre avec grand plaisir. Puisse votre cheminement vers la santé se faire doucement et sans heurt.

Chapitre 1

Un trouble mal connu

L'intolérance au gluten est un trouble mal connu, malgré les milliers de personnes qui en souffrent de par le monde. Cette condition se cache sous des formes multiples, ce qui rend souvent son diagnostic difficile. Prenant des proportions quasi épidémiques, ses symptômes varient, allant du simple mal de ventre à des complications graves, telles que des maladies du système immunitaire. Touchant le nourrisson comme la personne âgée, cette affection ne semble point discriminatoire. L'étendue de ses dommages à la santé en général exige une connaissance plus approfondie de sa nature.

Qu'est-ce que l'intolérance au gluten ?

Dans un lointain passé, la préoccupation principale de l'être humain était de survivre, l'obligeant à un rôle de pourvoyeur de nourriture. Il dépendait pour sa survie de la cueillette et de la chasse. Voilà plus de dix mille ans, la culture des céréales, comme le blé, est apparue. Du jour au lendemain, le corps de l'être humain a dû s'adapter à ce changement radical de diète. On peut se questionner à savoir si cette adaptation était trop exigeante pour le système digestif de certains.

L'intolérance au gluten, aussi nommée maladie cœliaque, est une condition digestive déclenchée par la consommation de la protéine de certains grains, appelée gluten. Cette intolérance entraîne une malabsorption des nutriments ingérés, tels que les vitamines, les minéraux, les protéines, les glucides et les lipides. Il s'agit d'une réaction immunitaire anormale qui semble apparaître chez des individus prédisposés génétiquement. Nous élaborerons sur les causes de cette maladie au chapitre suivant.

Les mécanismes à l'origine de la maladie ne sont pas clairs, mais on sait que des éléments du système immunitaire dont les anticorps, les cytosines et les lymphocytes sont impliqués dans le processus. Chez les gens atteints de la maladie cœliaque, le système immunitaire ne fonctionne pas comme il devrait. L'organisme réagit à la présence du gluten en s'attaquant à la paroi interne de son propre intestin grêle. L'intestin réagit de façon semblable au rejet d'un organe transplanté. Comme cette partie de l'intestin sert à l'absorption des nutriments indispensables à la vie, les déficiences s'accumulent jusqu'à ce qu'un diagnostic juste soit posé et que le retrait du gluten de la diète soit mis en pratique.

L'évitement complet du gluten dans la diète est la seule solution connue à ce jour pour soulager les symptômes de la maladie, et pour favoriser la guérison de l'intestin. Cette exclusion alimentaire doit être considérée comme un programme à vie.

Définition du gluten

Le gluten est la protéine du blé, de l'avoine, du seigle et de l'orge. Il y a deux classifications principales de protéines : les prolamines et les gluténines. Les prolamines dans le gluten se nomment gliadines et sont responsables de la maladie cœliaque. La gliadine est la partie de la protéine du blé à laquelle l'intestin réagit en faisant de l'inflammation. La gluténine est considérée comme inoffensive, mais comme elle est toujours accompagnée de la gliadine dans les céréales, elle est éliminée d'emblée.

Chaque sorte de grain a un pourcentage différent de gliadine. C'est ce qui détermine la gravité de la réaction. Chez la personne intolérante au gluten, la réaction sera directement proportionnelle à la quantité de gliadine ingérée. La gliadine a un poids moléculaire peu élevé, ce qui permet l'extensibilité des farines et des produits fabriqués de ses grains. Nous discuterons de ses utilisations de façon plus approfondie au chapitre 2.

La gliadine est le nom spécifique de la prolamine présente dans le blé. Les autres céréales toxiques pour les individus intolérants au gluten sont aussi constituées de prolamines de composition semblable, provoquant donc les mêmes réactions néfastes dans le corps. La sécaline est la prolamine du seigle, l'hordéine, celle de l'orge, et l'avénine, celle de l'avoine. Toutes ces prolamines sont nuisibles et défendues chez les personnes cœliaques.

Historique

L'intolérance au gluten n'est pas une nouvelle condition, seule sa classification comme maladie cœliaque est récente. Une des conséquences de la civilisation a été qu'une petite partie de la population qui ne pouvait pas tolérer le blé soit malade.

Dès l'an 250, un médecin grec du nom de Galen a décrit la maladie cœliaque de l'enfant et de l'adulte. Ses écrits ont été repris et traduits en 1856 et ont démontré une connaissance surprenante de la maladie cœliaque et de ses symptômes. Il utilisait le mot grec *koiliakos*[1] pour décrire les gens « souffrant des intestins ». Si on passe par le latin, « k » devient « c », et « oi » devient « œ ». Si on enlève la terminaison grecque « os », on obtient le mot cœliaque.

En Inde, on a trouvé des documents rédigés en sanskrit (langue indo-aryenne sacrée et littéraire) qui décrivaient ce qu'on pense être la maladie cœliaque ou une affection très semblable.

En 1669, un médecin hollandais, Vincent Ketelaer, a décrit la stomatite aphteuse dans un travail sur la maladie cœliaque, qu'il nommait alors *spruw*.[2]

C'est en 1888 que Samuel Gee de la Grande-Bretagne a émis une description de la maladie cœliaque et du rôle de la diète dans son traitement. Son travail a été considéré comme quasi prophétique, particulièrement dans cette citation : « La surveillance de toute nourriture ingérée sera la plus grande partie du traitement [...] les aliments farineux devront être pris en petite quantité [...] mais si le patient a une chance de guérir, ce sera par voie de la diète. »[3]

Quelques autres médecins ont écrit au sujet de la maladie cœliaque, dont un pédiatre nommé Herter en 1908, suivi par Sir Frederick Still, un pédiatre reconnu qui a fait le lien en 1918 entre la condition intestinale de certaines personnes et le pain. Est venu ensuite le Dr Howland, qui en 1921 recommandait l'exclusion des céréales, du pain et des pommes de terre pour un temps déterminé. En 1924, le Dr Haas établissait le succès de la diète de bananes. En 1938, il notait que même une très petite quantité d'aliments contenant de la farine produisait de la diarrhée, sans relation avec la quantité de gras ingérée.

La Deuxième Guerre mondiale a entraîné une découverte fondamentale à l'avancement du traitement de la maladie cœliaque. En 1950, le pédiatre W. K. Dicke des Pays-Bas a suggéré que certaines céréales étaient néfastes aux enfants souffrant de certains symptômes intestinaux. Il avait observé une relation entre les enfants malades et une situation de guerre particulière. Durant ce conflit mondial, la Hollande a subi l'occupation allemande. Les troupes germaniques gardaient pour elles les grains riches en protéines comme le blé, le seigle et l'orge, laissant la population survivre avec une diète consistant en patates et en riz. Or, les enfants, loin de souffrir de ce régime, ont commencé à se rétablir et à grandir plus en santé que jamais. Dès la fin de la guerre et le retour du blé dans leur alimentation, les rechutes furent apparentes.[4]

À la suite du travail de Charlotte Anderson et de ses collègues, il a été reconnu que la maladie cœliaque était causée par l'ingestion des protéines du blé. C'est en 1954, lors d'une chirurgie de l'intestin d'un adulte cœliaque, que le Dr Paulley[5] de la Grande-Bretagne, a décrit les anormalités de la paroi interne du tube digestif, soit une atrophie des villosités intestinales. La découverte de cette lésion intestinale causée par l'inflammation et vérifiée chez plusieurs autres patients était d'une grande importance, et des médecins de partout furent d'accord pour dire que cette inflammation indiquait la maladie cœliaque.

À peu près en même temps, on commença à faire des prélèvements de tissus de l'intestin grêle, technique appelée biopsie, ce qui contribua grandement à l'avancement de l'étude des dommages des muqueuses intestinales. C'est en 1956 que la biopsie de l'intestin fut mise au point, et on se mit à la pratiquer de façon régulière pour diagnostiquer la maladie cœliaque. Le tube utilisé pour faire les biopsies fut perfectionné pour devenir complètement flexible, et la méthode fut vite adoptée partout dans le monde.

En 1958, on constata que la maladie cœliaque chez l'enfant et chez l'adulte était identique. En 1960, des dermatologues découvrirent qu'une condition de la peau, appelée dermatite hépertiforme, était probablement associée à l'atrophie des villosités intestinales et semblait répondre à une diète sans gluten. C'est en 1980, en Angleterre, que Michael Marsh et ses collègues ont cerné le rôle du système immunitaire dans la réaction de l'intestin au gluten.

Les différentes appellations

La maladie cœliaque a plusieurs appellations. Il est important de reconnaître les différents noms pour savoir si le sujet en question nous concerne ou non. On voit occasionnellement le mot « cœliaque » épelé « céliaque », erreur ou transfert direct de la graphie anglaise *celiac*. On réfère souvent au terme « entéropathie au gluten » ou encore « entéropathie par intolérance au gluten », mais encore plus souvent à « intolérance au gluten ». Le terme « cœliakie » est aussi accepté. On a longtemps utilisé le nom « sprue » pour désigner la maladie cœliaque chez l'adulte. N'oublions pas les ouvrages de référence qui notent « sprue nostras » ou « stéatorrhée non tropicale », décrivant la même condition, soit une maladie d'âge adulte où l'intolérance au gluten est prouvée.

Dans la 15ᵉ édition du *Vademecum Clinique*, on cite les appellations suivantes pour l'enfant : « infantilisme intestinal », « entéropathie induite par le gluten », « maladie de Herter », « maladie de Heubner-Herter » et « maladie de Gee » ; pour l'adulte, on ajoute : « sprue non tropicale de l'adulte » et « stéatorrhée idiopathique ».

Pour faciliter l'écriture de ce livre, les termes « intolérance au gluten » et « maladie cœliaque » ont été choisis et seront utilisés indifféremment. Cependant, une légère différence existe entre les deux. Le terme « maladie cœliaque » désigne la condition telle qu'observée par un médecin à la suite d'une biopsie de l'intestin grêle. Si le terme « intolérance au gluten » est considéré comme s'appliquant aux personnes souffrant de maladie cœliaque, l'inverse ne fait pas l'unanimité. Certaines personnes, pour plusieurs raisons, n'ont pas subi la biopsie intestinale, mais le retrait de tout gluten de leur diète a suffi à atténuer leurs symptômes. Le retour du gluten dans leur alimentation a été suivi d'une réapparition des symptômes. Donc, le terme « intolérance au gluten » s'applique aussi à ces gens.

Prédominance raciale et génétique

On sait que le système immunitaire est en partie contrôlé par l'hérédité, ce qui nous amène à dire que des facteurs génétiques sont impliqués dans la maladie cœliaque. On ignore toujours si la maladie cœliaque est transmise par un gène dominant ou récessif. Par exemple, on a constaté que, chez de vrais jumeaux, un des sujets pouvait être diagnostiqué avec la condition sans que l'autre en souffre. On estime à entre 5 et 10 % les risques que les membres de la famille immédiate d'une personne cœliaque soient eux aussi atteints et, d'après certains auteurs, le pourcentage pourrait être encore plus élevé. La plupart des personnes diagnostiquées connaissent un de leurs proches souffrant des mêmes symptômes. Il n'est pas rare qu'on mentionne un membre de la famille affligé d'un trouble quelconque de diarrhée, frappé d'une complication liée à la maladie cœliaque ou même mort d'un cancer de l'intestin.

Des chercheurs se questionnent à savoir pourquoi la maladie cœliaque n'est pas plus commune aux États-Unis considérant qu'elle est héréditaire et que plusieurs Américains sont de descendance européenne, où la maladie est plus commune. En Italie, 1 personne sur 250 en souffre, et en Irlande, 1 sur 300. Elle est aussi très présente en Scandinavie et chez les Slaves. Elle semble très rare en Asie, en Afrique, en Chine et au Japon, malgré qu'on l'observe récemment un peu plus chez les descendants d'Africains et d'Asiatiques.

Des théories expliquant pourquoi la maladie cœliaque devient de plus en plus présente chez les non-Européens mettent le blâme sur la popularité plus récente du blé, ou encore affirment que des cas seraient mal diagnostiqués. Peut-être même qu'une population avec un certain bagage génétique serait moins susceptible de souffrir de cette condition.

En Amérique du Nord, on présumait un ratio de 1 sur 4 700 habitants, mais à la suite de tests de dépistage sanguins plus fréquents, on suggère maintenant un ratio aussi impressionnant que 1 sur 250.

Chapitre *2*

La réalité de l'intolérance au gluten

L a vaste majorité des problèmes digestifs se développent lentement sur une longue période de temps. La plupart des gens pensent que s'ils sont exempts d'inconfort gastro-intestinal, il s'ensuit qu'ils ne souffrent pas de trouble digestif. Pourtant, aux États-Unis, une chirurgie sur trois a pour cause des désordres digestifs, et une mort sur dix est attribuée à une perturbation de la digestion. On peut se douter que les pourcentages sont semblables au Canada. Une diète adéquate aux besoins de chaque individu est absolument essentielle pour une vie en santé.

On sait que les aliments allergènes les plus communs sont le lait, l'œuf, le blé, les noix, le maïs, le soya et le bœuf. Au cours du processus de la digestion, tous ces aliments libèrent des sous-produits de protéines. Ce n'est pas une coïncidence si la plupart des allergènes proviennent de fragments de protéines d'aliments mal digérés, comme la viande, les produits laitiers et la protéine du blé. On sait que la majorité des bactéries et des virus envahisseurs du corps humain sont de nature protéique, donc que le corps est déjà programmé à attaquer les particules de protéines qu'il ne peut pas reconnaître. Quand l'aliment est complètement digéré vers sa forme adéquate de sous-produits (protéines en acides aminés), il perd son habilité allergène.

L'intolérance au gluten n'est pas une allergie, mais il est important de se familiariser avec les grandes lignes du mécanisme allergique. Voyons maintenant où on trouve le gluten.

Où trouve-t-on le gluten ?

Le blé est une tradition très ancienne ; les fouilles archéologiques nous apprennent qu'il était consommé dans la préhistoire. En religion, il s'est approprié le rang d'aliment sacré. L'Église nous offre le partage du pain et de l'hostie de la communion. Pour l'intolérant au gluten, même ces gestes religieux et apaisants pour l'âme et l'esprit peuvent devenir une source de souffrance physique.

Le gluten est la protéine du blé que l'on connaît si bien, mais il est aussi une composante du seigle, de l'orge, de l'avoine et du triticale, un hybride du seigle et du blé. D'autres farines liées de près au blé et contenant du gluten sont le kamut, l'épeautre, la semoule de blé et le blé dur (durum). Elles se rajoutent à la liste de farines à éviter.

Le gluten est un additif très communément utilisé dans l'alimentation. Comme le gluten est une bonne source de protéines, on l'emploie souvent pour augmenter la valeur protéique de certains aliments. Certaines personnes, dont les diabétiques, connaissent sûrement les pains à haute teneur de protéines, qui étaient très recommandés à un moment donné. Le gluten donne la texture et la structure aux produits de boulangerie. En cours de cuisson, il s'étire pour former un réseau qui emprisonne le gaz carbonique et donne du volume à la pâte. Les personnes cœliaques doivent s'habituer à des produits d'une toute autre texture. Le pain sans gluten a tendance à s'effriter facilement. De nos jours, il existe toutefois des choix intéressants de produits sans gluten sur le marché. Si vous en avez l'aptitude, mettez vos talents de cuisinier à l'essai de nouvelles recettes, car les livres de cuisine sans gluten abondent.

Si éviter le gluten consistait à retirer les grains mentionnés et leurs farines de la diète, cela serait relativement simple à comprendre. Mais depuis la découverte des qualités polyvalentes du gluten par les fabricants de nourriture, cela se complique de beaucoup. Bien que nous en discuterons en détail au chapitre 5, voici une liste générale d'aliments à éviter.

Aliments souvent oubliés lors de l'exclusion du gluten de la diète

➤ Les agents d'épaississement

➤ Les bases de soupe

➤ Les bouillons

➤ Les croûtons

➤ Les farces

➤ L'hostie de la communion

➤ L'imitation de bacon (lard salé)

➤ L'imitation de fruits de mer (goberge)

➤ Les marinades

➤ Les panures

➤ Les pâtes

➤ Les produits de charcuterie

➤ Les roux et les sauces

➤ Les volailles imprégnées à l'avance

Il semble y avoir une grande controverse au sujet de l'avoine. Le problème est de déterminer avec précision l'acide aminé responsable de la réponse du système immunitaire et d'étudier la différence chimique entre le blé et l'avoine. Alors que dans plusieurs pays d'Europe on semble admettre l'avoine dans une diète sans gluten, on l'interdit aux États-Unis et au Canada. Certaines recherches montrent que le taux de toxicité du gluten présent dans l'avoine est très bas, presque inexistant. Par contre, si on fait ses propres recherches, on trouve aisément des études disant pratiquement le contraire. Pour la plupart des gens souffrant de la maladie cœliaque, décidés à reprendre en main leur santé, le risque est trop grand. Beaucoup préfèrent l'éviter. Bien entendu, si on fait un court essai de l'avoine dans la diète et que les symptômes sont apparents, la réponse est facile. Mais pour plusieurs cas cœliaques, la réponse de l'intestin n'est pas si évidente. Plusieurs personnes atteintes n'ont pas de symptômes digestifs. Cela devient une décision importante très personnelle.

On pense à tort que le sarrasin fait partie de la grande famille du blé. Son appellation anglaise de *buckwheat, wheat* étant le mot anglais pour blé, ainsi que son ancien nom de « blé noir » lui valent cette inquiétude. Le sarrasin ne contient pas de gluten.

En règle générale, on peut dire que tout aliment préparé en industrie contient du gluten – à l'exception des produits portant une étiquette avec la mention « sans gluten » –, que ce soit par l'ajout de gluten dans la préparation du produit ou par contamination en préparant l'aliment dans les mêmes contenants ayant servi pour les produits contenant du blé. La personne atteinte de la maladie cœliaque est à ce point sensible qu'elle doit éviter ces mélanges. Ce magasinage bien particulier requiert un peu de pratique. En se trouvant des points de repères comme des magasins de produits naturels ou des épiceries où trouver des produits sans gluten ou encore un endroit où les commander, la vie reprendra un rythme quasi normal.

Les causes de la condition

Des chercheurs du monde entier continuent de se questionner au sujet de la cause de la maladie cœliaque. Ils essaient de comprendre le mécanisme détaillé de cette toxicité. Bien que les recherches avancent doucement, les réponses restent quelque peu vagues.

On a émis la théorie que certains individus intolérants au gluten souffrent d'une déficience d'une enzyme intestinale spécifique à la digestion de la gliadine, la protéine du gluten. Le résultat serait une digestion incomplète du gluten, donc une accumulation de toxines dans l'intestin. Ce manque d'enzymes pourrait être congénital ou provoqué par des altérations d'autres origines, comme une infection ou des parasites. Cette insuffisance d'enzymes pourrait être partielle ou totale, expliquant les différents niveaux de sévérité de la maladie.

Une autre théorie avance que l'intolérance au gluten serait un défaut du système immunitaire désactivant plusieurs des cellules épithéliales du système intestinal.

On a aussi pensé à une allergie à la gliadine, ce qui causerait une inflammation de l'intestin, un peu comme une réaction allergique peut causer des rougeurs sur la peau. Mais on a fait fausse route, car jusqu'à présent rien de ce qui précède n'est prouvé scientifiquement. La cause exacte de l'affection demeure inconnue.

On sait maintenant que le développement de la maladie cœliaque nécessite une personne génétiquement prédisposée à la naissance, et qui mange des céréales contenant du gluten. Même si ces deux facteurs sont présents, la maladie peut ne pas se déclencher avant qu'apparaisse un « facteur déclencheur ». Après l'exposition au gluten, le dommage intestinal peut se présenter en quelques mois ou attendre plusieurs années.

On remarque une tendance familiale à la maladie cœliaque. Selon le Dr Joseph Murray[1], de la clinique Mayo aux États-Unis, l'incidence dans la famille du premier degré (parents, frères, sœurs, enfants) est de 10 %. Si une personne a un parent ou un enfant diagnostiqué avec la maladie, elle-même devrait être testée pour la maladie cœliaque. La condition, toujours selon le Dr Murray, n'est pas entièrement génétique. Chez les vrais jumeaux, si l'un est atteint de la maladie, l'autre a environ 70 % de chance de l'être aussi. Si la maladie était entièrement génétique, l'incidence chez les vrais jumeaux devrait être de 100 %.

Les facteurs déclencheurs

Vu que la maladie cœliaque est un désordre génétique, la tendance à avoir la maladie est présente à la naissance. Toujours selon le Dr Murray, plusieurs facteurs déclencheurs entreraient en ligne de compte chez une personne prédisposée génétiquement.

Ces facteurs seraient :

➤ un changement de diète soudain vers une alimentation basse en gras, qui veut habituellement dire une augmentation soudaine des féculents, donc souvent une addition dramatique de produits du blé ;

➤ la période post-partum, car le système immunitaire de la femme essaie de s'ajuster aux changements du corps après l'accouchement ;

➤ une chirurgie, particulièrement du système gastro-intestinal (la vésicule biliaire) ;

➤ certaines infections virales ; on a aussi pensé que certains antibiotiques pourraient être les déclencheurs, mais difficile de dire si le coupable est l'infection ou l'antibiotique qui la combat.

On pense que le stress ou certains traumatismes physiques pourraient aussi être des facteurs déclencheurs. Chez plusieurs personnes, il est possible qu'il n'y ait pas de facteurs déclencheurs des symptômes ; ceux-ci apparaissent, tout simplement. Encore plus probable est la théorie que les symptômes étaient présents depuis longtemps, mais qu'ils étaient ignorés, masqués ou diagnostiqués comme autre chose. Les gens s'habituent souvent à se sentir fatigués et à avoir quelques petits symptômes digestifs. Lorsque les troubles empirent et deviennent très dérangeants, on décide enfin d'y voir de plus près.

Les symptômes de la maladie cœliaque

La maladie cœliaque est difficile à diagnostiquer car ses symptômes peuvent varier énormément. Comme les symptômes sont souvent les résultats d'un manque d'absorption des nutriments par l'intestin grêle, la liste peut être très longue. Aussi, comme le gluten affecte la perméabilité de la paroi intestinale *(leaky gut)*, c'est-à-dire qu'il laisse passer plus d'intrus, le système immunitaire est exposé à plus de substances allergènes que la normale. Cela explique pourquoi les gens atteints de la maladie cœliaque ont tendance à avoir plus de symptômes allergiques que la population en général.

Il est aussi important de souligner que certaines victimes de la maladie sont asymptomatiques, mais que le dommage se fait quand même. Souvent, la réalité surprenante d'un diagnostic de la maladie cœliaque frappe par l'entremise du diagnostic d'une autre maladie dégénérative ou d'une complication liée à la maladie cœliaque qui nécessite une investigation plus poussée. On discutera de ces problèmes au chapitre 4.

Certains exhibent des symptômes classiques, comme la diarrhée, la mauvaise digestion, la flatulence, le gonflement, mais d'autres souffrent de symptômes plus difficiles à lier à l'intolérance au gluten, comme l'anémie, l'irritabilité, les vomissements ou la difficulté de concentration.

Symptômes les plus communs chez l'enfant en bas âge

> ➤ Diarrhée – souvent décrite par les parents comme ayant une odeur nauséabonde et une apparence mousseuse, ou encore les selles deviennent anormalement abondantes (multipliées par 4 ou 5), molles, grisâtres, graisseuses et luisantes ;

> ➤ Vomissements par jets ;

> ➤ Abdomen distendu ;

> ➤ Diminution de la masse musculaire ou manque de masse musculaire sur tout le corps ;

> ➤ Retard de développement physique ;

> ➤ Problème dentaire – stries sur les dents ou émail décoloré ;

> ➤ Irritabilité – tendance à devenir grognon, hostile ;

➤ Apathie, perte du sourire ;

➤ Manque d'appétit ;

➤ Niveau sanguin insuffisant de calcium, de vitamine B12 et d'acide folique ;

➤ Anxiété de séparation des parents extrême ou dépendance aux parents excessive (probablement parce que l'enfant a de la douleur et que les parents le réconfortent).

Symptômes les plus communs chez l'enfant et l'adulte

➤ Détresse gastro-intestinale – crampes, gonflement, flatulence, inconfort, brûlure par reflux gastro-œsophagien (chez l'adulte) ;

➤ Diarrhée ;

➤ Constipation ;

➤ Stéatorrhée (selles nauséabondes, souvent avec mucus et occasionnellement flottantes) ;

➤ Anémie ou déficiences nutritionnelles ;

➤ Ecchymoses faciles ;

➤ Début de puberté retardé ;

➤ Manque de masse musculaire ;

➤ Perte de poids ;

➤ Perte d'appétit ;

➤ Fatigue chronique ;

➤ Alopécie – perte temporaire des cheveux ou des poils, partielle ou totale ;

➤ Dérangements émotionnels – irritabilité, dépression, trouble de concentration et dépendance excessive.

À part ces symptômes courants, on en remarque aussi bien d'autres : cils trop longs, perte prématurée des cheveux, déformation des doigts, aménorrhée (arrêt des menstruations), douleur aux jointures, infertilité, malaises non justifiés, ulcères buccaux, œdème (par manque de protéines). Au fur et à mesure que progressent la recherche, la liste des symptômes semble s'allonger, jusqu'à inclure des troubles du foie, du sang, des jointures, de la dentition et même des troubles neurologiques.

L'importance d'une diète sans gluten stricte ne sera jamais assez soulignée. Pour le moment, l'exclusion du gluten est la seule solution à cette maladie qui semble ronger les forces de ses victimes tant et aussi longtemps que le gluten reste présent.

Les troubles de diagnostic

Un individu qui se présente pour un bilan de santé à la suite de symptômes persistants ne sera pas facilement diagnostiqué comme souffrant de la maladie cœliaque, et ce, pour plusieurs raisons. Pour commencer, certaines personnes n'ont qu'un symptôme ou deux, rien d'alarmant à première vue. Les médecins feront les examens de routine habituels pour débuter. Si ces résultats se révèlent normaux, souvent le patient sera satisfait et arrêtera là son investigation, se sentant rassuré au sujet de sa santé. Ce n'est que plus tard, si les symptômes persistent ou s'aggravent, qu'il retournera consulter et que son cas sera acheminé vers un gastroentérologue (médecin spécialiste du système digestif et intestinal). Encore une fois, plusieurs examens plus approfondis seront pratiqués, mais pas nécessairement ceux qui servent à dévoiler la maladie cœliaque.

La maladie cœliaque se présente de différentes façons, soit aiguë, subaiguë ou insidieuse. La maladie sous sa forme aiguë, surtout chez un jeune enfant aux symptômes classiques, a plus de chance d'être diagnostiquée rapidement.

Sous sa forme subaiguë, elle peut se révéler plus difficile à déceler, car les symptômes sont moins graves, et souvent loin d'être classiques. Par exemple, un cas présentant de la constipation chronique avec de l'anémie ne fournira pas une piste facile à suivre au médecin. Il nous arrive souvent d'oublier le travail de dépistage difficile que doivent accomplir les médecins. Ce qui n'aide pas leur investigation est que, trop souvent, les patients oublient de mentionner certains symptômes avec lesquels ils sont tout simplement habitués à vivre, comme la fatigue, le mauvais sommeil, de la douleur aux jointures et bien d'autres. Quelquefois, une histoire de cas plus détaillée aide à mieux tracer le portrait d'ensemble.

La forme insidieuse de la maladie cœliaque est celle à début progressif, dont les symptômes majeurs n'apparaissent que lorsque la maladie a déjà fait un grand bout de chemin. Il est même probable qu'une maladie dégénérative soit déjà en place, et c'est lors de l'investigation que la maladie cœliaque est découverte. Il est aussi très possible qu'on traite la maladie en question sans jamais remarquer la maladie cœliaque sous-jacente. Le gluten continuera alors sa destruction et bien des complications non élucidées s'ensuivront.

Comme on peut le voir, le temps où l'on se fiait strictement au système médical pour nommer nos « bobos » est passé. De nos jours, avec l'augmentation du nombre de maladies liées au système immunitaire (fibromyalgie, sclérodermie, lupus…), mieux vaut s'éduquer soi-même, et se présenter au médecin avec des questions précises. L'utilisation des tests médicaux est toujours essentielle, mais encore plus efficace si les tests sont appropriés à notre condition.

Donc, si on résume les raisons des troubles de diagnostic de la maladie cœliaque, on voit que souvent les symptômes sont imputés à un autre problème, que plusieurs médecins ne connaissent pas la maladie cœliaque, et que les tests sanguins pour la condition ne sont pas inclus dans le bilan sanguin de routine. Cet ajout au bilan de routine permettrait un dépistage plus rapide pour ensuite s'orienter vers la biopsie intestinale et un diagnostic précis.

Aux États-Unis, on commence à exiger que le dépistage de la maladie cœliaque fasse partie des tests de routine, car quelques essais plus agressifs ont décelé plusieurs cas de la maladie nécessitant des examens plus approfondis. C'est d'ailleurs suivant ce mouvement qu'on remet en question le nombre véritable de victimes de cette affection. En Italie où la maladie est très commune, on fait passer le test de façon routinière dès l'âge de six ans. Au Canada, le test n'est pas exécuté de façon automatique.

Voici une liste d'affections tirée du journal de la Fondation de la maladie cœliaque de la Californie à l'automne 1996, qui indique bien le nombre surprenant de diagnostics que la médecine allopathique entreprend de poser avant d'en arriver à la maladie cœliaque. Il faut avouer que les symptômes sont très semblables.

➤ Anémie

➤ Syndrome de l'intestin irritable

➤ Stress psychologique et nerveux

➤ Diarrhée

➤ Maladie inflammatoire de l'intestin

➤ Diabète

➤ Côlon spasmodique

➤ Ulcères

➤ Virus (gastroentérite virale)

➤ Syndrome de fatigue chronique

➤ Perte de poids

➤ Allergies

➤ Infestation parasitaire ou infection

➤ Maladie de la vésicule biliaire

➤ Maladie de la thyroïde

➤ Cancer, lymphome digestif

➤ Colite

➤ Fibrose cystique

➤ Intolérance au lactose

➤ Reflux gastrique

Le syndrome de l'intestin irritable atteint de 8 à 20 % de la population. Il s'agit là de 25 à 50 % des renvois chez les gastroentérologues. Deux fois plus de femmes que d'hommes semblent souffrir de la condition. Les tests sanguins et autres présentent la plupart du temps des résultats normaux. On peut se demander si certains de ces individus ne souffrent pas en réalité de la maladie cœliaque. Les symptômes de l'intestin irritable sont souvent semblables : douleur abdominale, gonflement, flatulence, diarrhée fréquemment en alternance avec la constipation, anxiété, phobie, perte de poids et intolérance au lactose.

L'intolérance au lactose est aussi liée à l'intolérance au gluten. Il n'est guère surprenant que les personnes nouvellement diagnostiquées comme cœliaques souffrent aussi d'intolérance au lactose. L'intestin du cœliaque étant très fragile dû au dommage des villosités de l'intestin grêle, on pense que c'est la raison qui empêche la digestion du lactose du lait. On sait que la lactase, l'enzyme nécessaire pour digérer le lactose, est produite tout au bout des villosités ; si celles-ci sont endommagées, elles sont donc incapables de produire une quantité suffisante de lactase. Si la diète sans gluten est bien tolérée, la personne peut réessayer les produits laitiers après quelques mois. Il arrive qu'on soit capable de remettre les laitages dans sa diète lorsque l'intestin a récupéré un peu de sa santé. Si l'intolérance au lactose devient permanente, on devra remplacer le calcium qu'on obtenait des produits laitiers. D'excellentes sources de calcium sont les boissons de soya, de riz ou d'amande, souvent enrichis de calcium et de vitamine D. Les aliments à haute teneur en calcium sont les fèves, les légumes verts feuillus comme le brocoli et le chou chinois, la mélasse noire, les poissons en boîte avec les os (saumon, sardine), les noix et les graines de tournesol.

Bien qu'elle soit plus rare, il est aussi possible de souffrir d'une intolérance au saccharose et au maltose. Une déficience en enzymes sucrase et maltase nécessaires pour la digestion de ces sucres est moins courante que le manque de lactase pour transformer le lactose. Si vous suivez votre régime sans gluten et que vous continuez de souffrir de diarrhée, de crampes ou de nausées après l'ingestion de sucre ou de pain sans gluten, il est possible que vous soyez intolérant à ces sucres. Si, par contre, vous vous sentez bien après un repas riche en protéines sans féculents, il vaut la peine de répéter l'expérience pour en avoir le cœur net. Lorsque la paroi intestinale aura repris de sa vigueur, il est possible que vous puissiez réintroduire ces sucres dans votre alimentation. Il faut y aller doucement, à tâtons bien souvent, et avec une grande patience.

L'âge et son importance

La maladie cœliaque atteint les gens de tous âges et des deux sexes. Les âges les plus communs chez les enfants sont d'un à quatre ans, mais les symptômes peuvent apparaître n'importe quand après l'introduction dans la diète de céréales contenant du gluten. Chez toutes les décennies d'âges et même au-delà de la soixantaine, les symptômes peuvent se manifester quand bon leur semble, mais ils le font souvent après l'avènement d'un stress déclencheur.

On remarque une période de « lune de miel » chez l'adolescent diagnostiqué étant enfant. La maladie semble s'éclipser. Malheureusement, elle ne disparaît jamais. Possiblement à cause des changements hormonaux, certains adolescents cœliaques peuvent tolérer de petites quantités de gluten avec peu ou aucun symptôme. C'est le cauchemar des parents consciencieux, bien au courant que le gluten continue de faire des dommages à la muqueuse de l'intestin même si les symptômes s'allouent un répit. Une étude chez des adolescents cœliaques a démontré que même si la recherche des anticorps sanguins ne décelait pas de gliadine suivant l'ingestion quotidienne de gluten, les biopsies ont prouvé qu'il provoquait un dommage significatif dans la structure de la muqueuse intestinale. Elle concluait que les tests d'anticorps sanguins ne sont pas des marqueurs valides lors de transgressions diététiques.[2] Cette « lune de miel » peut durer plusieurs années, se prolongeant même dans la vingtaine. Il faut expliquer et répéter à l'enfant l'importance de suivre son régime sans gluten. Une visite chez le médecin peut être utile pour confirmer l'urgence de la situation.

Une étude faite par le Dr Scand[3] en 1995 rapporte que : « La maladie cœliaque peut être présente sous diverses formes. Elle est prédominante chez les femmes, en plus d'apparaître de manière plus rapide et sévère chez elles. Excepté pour l'asthénie, tous les signes et symptômes étaient plus fréquents chez la femme que chez l'homme. L'anémie hypochrome était le symptôme le plus commun chez les femmes, et 40 % plus fréquent chez la femme que chez l'homme. La dyspepsie était deux fois plus fréquente chez la femme que chez l'homme, et les désordres génitaux étaient rapportés chez 44 % des femmes et aucunement chez les hommes. La perte de poids ou de masse musculaire était le symptôme le plus commun chez les hommes. Environ 60 % des hommes et des femmes se plaignaient de diarrhée ; chez ceux sans diarrhée, la prédominance de l'anémie hypochrome différait entre les sexes, avec 80 % chez la femme. »

Dépendant de l'âge du diagnostic et de la durée active de la maladie, le dommage à l'intestin sera plus ou moins étendu. À partir du moment où le gluten est complètement retiré de la diète, une guérison significative des villosités intestinales s'amorce. Elle peut prendre environ trois à six mois chez les patients les plus jeunes, et jusqu'à deux ou trois ans chez les individus plus âgés. L'amélioration est souvent surprenante chez les enfants. Non seulement leurs symptômes s'atténuent jusqu'à disparaître, mais leur comportement s'améliore et ils rattrapent vite tout retard de croissance.

Chapitre 3

La digestion du gluten

Pour bien comprendre l'importance des bonnes digestion et assimilation du gluten, il faut prendre connaissance du rôle irremplaçable des protéines dans la survie de l'être humain. Le gluten est une protéine. Chaque protéine contient du carbone, de l'oxygène, de l'hydrogène et de l'azote. Elle est le principal matériau de construction du corps humain. Elle bâtit et répare les tissus du corps. Après l'eau, la protéine est la substance la plus présente dans notre organisme. Les protéines constituent environ 1/5 de notre poids et sont les composantes principales de chaque cellule vivante, ainsi que de tout liquide corporel excepté la bile et l'urine.

Un approvisionnement continu de protéines est nécessaire pour construire et pour régénérer les cellules. Les sources alimentaires de protéines sont les viandes, les poissons, les œufs, les produits laitiers, les grains entiers, les légumineuses et les noix. Après ingestion, les protéines subissent le processus de la digestion pour devenir des acides aminés.

Il y a 22 acides aminés, dont 8 essentiels qui doivent provenir de l'alimentation car le corps est incapable de les fabriquer. Les autres peuvent être synthétisés par le corps humain. Les acides aminés sont le sous-produit final de la digestion des protéines. Ce sont les acides aminés qui sont absorbés par l'intestin et qui circulent dans le sang jusqu'aux cellules. Ce processus nous préserve la vie. Les cellules sont très créatives avec les acides aminés et en font des structures en forme de grandes chaînes, maillon par maillon. Ces chaînes sont en fait de nouvelles protéines dotées de capacités spécifiques capables de répondre aux divers besoins du corps humain. Chaque cellule est un mélange de protéines, et une seule cellule peut contenir des centaines de combinaisons de protéines.

Il est certain que nous n'aurons jamais le contrôle parfait du corps humain, mais chaque pas vers sa connaissance nous aide à mieux comprendre sa complexité et à nous montrer l'importance de faire notre part, c'est-à-dire que chaque individu essaie de trouver une alimentation favorable à son corps, unique entre tous. En donnant à notre organisme ce dont il a besoin et ce qu'il tolère bien, il saura ce qu'il lui reste à faire. Voyons maintenant où et comment se passe la digestion du gluten.

Ça se passe dans l'intestin grêle

L'intestin grêle, où se fait une grande partie de la digestion du gluten, est aussi nommé le petit intestin, mais il n'est pas vraiment petit. Si on pouvait l'allonger sur toute sa longueur, il serait en moyenne de 5 à 6 m (15 à 20 pi) de long. Relié à la partie inférieure de l'estomac, le duodénum est la première portion de l'intestin grêle. Il mesure entre 20 et 25 cm (8 et 10 po). Il joue un rôle fondamental dans la digestion. C'est le duodénum qui reçoit la masse de nourriture de l'estomac par un sphincter nommé le pylore. Le duodénum a la forme d'un fer à cheval autour de la tête du pancréas. Il reçoit aussi la bile du foie et de la vésicule biliaire, et un suc du pancréas par le canal cholédoque. Ces liquides se nomment les sucs biliaires et pancréatiques.

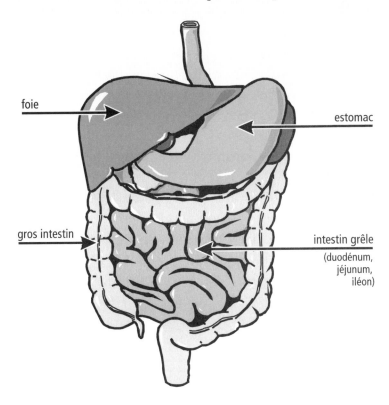

foie

estomac

gros intestin

intestin grêle
(duodénum,
jéjunum,
iléon)

Le duodénum se connecte ensuite au jéjunum, qui fait environ 2,5 m (8 pi) de long. Le jéjunum est le lieu où les aliments utiles sont absorbés, ne laissant derrière eux que des déchets alimentaires et surtout de l'eau. Le processus de digestion et d'absorption s'achèvera dans l'iléon.

L'iléon, la partie de l'intestin grêle la plus tortueuse, mesure environ 4 m (12 pi). Il est attaché au gros intestin par la valvule iléo-cæcale. Le rôle de l'intestin grêle est paradoxal, car il doit laisser passer les nutriments dans la circulation sanguine tout en bloquant l'absorption des grosses molécules (comme la gliadine non digérée), des microbes et des toxines. Cette barrière est formée d'une seule couche d'environ l'épaisseur de la paupière de l'œil. Les boissons alcoolisées, les aliments allergènes, les médicaments et le stress peuvent causer de l'irritation et de l'inflammation à la muqueuse intestinale, et voilà que les problèmes commencent. Une fois cette barrière compromise, la paroi de l'intestin perd son habilité à filtrer les intrus et coule. Des symptômes de toutes sortes peuvent apparaître quand ce filtre laisse passer les irritants.

Lorsqu'on souffre d'intolérance au gluten, c'est l'intestin grêle qui est atteint. Le dommage commence au duodénum suivant l'arrivée par l'estomac d'une bouillie de nourriture contenant du gluten, puis s'étend au jéjunum. Si la condition persiste, l'iléon sera aussi atteint. Dans la phase active de la maladie cœliaque, l'absorption de tous les nutriments sera affectée. L'étendue du dommage à l'intestin et la période entre le déclenchement de la maladie et le diagnostic détermineront quels nutriments seront moins bien absorbés. Habituellement, plus le dommage est sévère, plus il y a un manque d'absorption.

Comment se fait la digestion?

Maintenant que nous savons où se fait la digestion des éléments nutritionnels, allons voir comment elle s'effectue. La digestion représente une série de changements physiques et chimiques, par lesquels chaque aliment absorbé dans le corps est déchiqueté et réduit, pour être préparé à son absorption par l'intestin et être ensuite orienté vers la circulation sanguine.

La digestion commence dans la bouche par la mastication, qui réduit les gros morceaux en plus petits. L'enzyme ptyaline contenue dans la salive enrobe les aliments et amorce la digestion des amidons en sucres simples. En passant par l'œsophage, les aliments se retrouvent dans l'estomac où la digestion continue encore une heure environ. C'est dans l'estomac que sont sécrétées d'autres enzymes provenant des sucs gastriques, ainsi que de l'eau et de l'acide chlorhydrique, pour défaire la nourriture en pâte qui s'appelle « chyme » à ce stade de la digestion. C'est ici que se fait la digestion des protéines, des gras et d'autres substances.

Le chyme passe alors à l'intestin grêle dans l'ordre suivant : les glucides, les protéines et enfin les gras, qui sont plus lents à digérer. L'intestin grêle est l'endroit où se fait l'absorption des nutriments. L'absorption est le procédé par lequel les principes nutritifs, sous forme de glucose (dérivé de la digestion des hydrates de carbone), d'acides aminés (dérivés des protéines), d'acides gras et de glycérol (dérivés des gras) sont choisis et assimilés par l'intestin pour être dirigés dans la circulation sanguine afin d'assurer le métabolisme cellulaire.

Chez la personne atteinte de la maladie cœliaque, c'est à ce point que se gâte le déroulement du processus.

Les villosités et leurs fonctions

L'intestin grêle est en fait celui qui nourrit chacune de nos cellules par la circulation sanguine. Si le ravitaillement en nutriments n'est pas consistant, les cellules ne peuvent fonctionner correctement. Conséquemment, ce qui se passe dans ses minuscules cellules affecte comment l'individu se sent dans son propre corps. Un manque de nutriments se traduira éventuellement par des symptômes physiques et mentaux.

Les éléments nutritifs (protéines, vitamines, minéraux, gras) sont absorbés à travers des centaines de petits replis circulaires appelés villosités intestinales, qui sont logés dans le jéjunum. Ces villosités contiennent des enzymes qui achèvent la digestion des glucides et des protéines. Chacune mesure à peu près un millimètre et pourrait être discernable à l'œil nu. La surface en contact avec les aliments est encore accrue car la superficie de chaque villosité forme ce qu'on appelle une « bordure de brosse ». C'est-à-dire que chaque villosité possède à son tour des millions de microvillosités, qui ressemblent à des doigts. On pourrait aussi les comparer à une serviette éponge où l'on voit chaque fil séparément. Il y a plus de 5 millions de microvillosités, soit assez pour procurer 100 pi^2 de surface d'absorption.

Chez les cœliaques, le gluten endommage les villosités intestinales. D'apparence similaire aux cheveux ou aux poils d'une brosse, elles sont responsables de l'absorption des éléments nutritifs. Éventuellement, sous l'influence du gluten, ces villosités deviennent partiellement ou complètement aplaties et incapables de faire leur travail. On utilise souvent le terme « atrophie des villosités » pour décrire ce dommage à l'intestin. C'est alors que le corps est privé des nutriments de base et qu'apparaissent les symptômes. Le dommage est complètement réversible, en procédant au retrait du gluten de la diète.

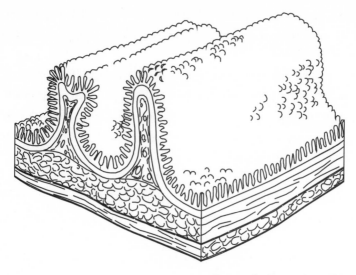

*Coupe de l'intestin grêle
découvrant les villosités intestinales.*

Dépistage de la condition

Les victimes de la maladie cœliaque peuvent être divisées en deux groupes. Le premier éprouve les symptômes classiques de la maladie, généralement diagnostiqués par le gastroentérologue dans une période de temps raisonnable. Le deuxième groupe exhibe des symptômes atypiques, et par le fait même est beaucoup plus difficile à caser. Il n'est pas évident de diagnostiquer une maladie cœliaque chez quelqu'un sans plainte digestive, souffrant de dépression et de maux de tête. Ces symptômes n'indiquent même pas la nécessité d'une consultation avec un spécialiste de l'intestin.

De là l'importance d'élaborer une histoire de cas complète par un médecin compréhensif qui s'occupera même de poser des questions sur l'état de santé des membres de la famille immédiate. Commencera ensuite une série de tests sanguins et viendra enfin, si vous êtes chanceux, un diagnostic clair et net. Même si l'idée d'une diète sans gluten pour le reste de sa vie, ou celle de son enfant, peut sembler terrifiante, mieux vaut ce diagnostic que bien d'autres. Aucune chirurgie ni traitement n'est nécessaire, seulement une diète sans gluten et peut-être un supplément vitaminé pour combler les carences nutritives durant les premiers mois.

◆ Les tests sanguins

Bien que les résultats des tests sanguins pour évaluer la présence de la maladie cœliaque ne soient pas toujours conclusifs – seule la biopsie intestinale offre un diagnostic certain – ces examens constituent un bon moyen de dépistage. Les tests sanguins consistent à détecter des anticorps dans le sang, et les résultats peuvent parfois être trompeurs. Spécifiquement, on recherche les anticorps anti-gliadine (AGA) de types IgA et IgG, anti-réticuline (ARA), anti-endomysium (EMA) et anti-transglutaminase (tTG).

Selon l'endroit où vous vivez, les tests choisis peuvent varier entre ceux cités. Aux États-Unis, les tests sanguins semblent plus utilisés qu'au Canada, mais il est aussi possible que leur utilisation soit moins documentée dans notre pays.

Aux États-Unis, le test pour les anticorps anti-gliadine est le plus utilisé. Les deux types d'anticorps que le laboratoire cherchera sont les IgA et les IgG, car ce sont ces anticorps qui combattent la gliadine comme si c'était un ennemi dans le corps. L'anticorps anti-réticuline (ARA) est en corrélation avec le degré de dommage à l'intestin. Le test pour le déceler est moins sensible donc moins fiable.

Le test d'anti-endomysium (EMA) est spécifique à la maladie cœliaque. Le système immunitaire des personnes cœliaques fabrique ces anticorps en réaction à l'ingestion du gluten. Ces anticorps attaquent l'endomysium, un tissu de l'intestin. Cela revient à dire que si la personne n'a pas la maladie cœliaque, le test devrait être négatif; que s'il est positif, la maladie cœliaque semble plausible. S'ensuivra une biopsie intestinale pour le confirmer.

La recherche de l'anticorps anti-transglutaminase (tTG) est un test plus récent. Le gluten contient beaucoup de l'acide aminé appelé glutamine, et il est particulièrement vulnérable à une réaction avec la transglutaminase. La fonction physiologique de la transglutaminase est probablement la réparation de tissus endommagés par l'inflammation. Donc si l'intestin est endommagé par le gluten, il y a une réaction entre la glutamine et la transglutaminase.

D'après le Dr Joseph Murray de la clinique Mayo, ce test pourrait bientôt remplacer les tests d'anti-gliadine et d'anti-endomysium.

Pour que les tests d'anticorps soient utiles, on doit continuer la diète contenant du gluten, car les taux d'anticorps chutent rapidement aussitôt le gluten retiré de l'alimentation. Tous ces tests ne sont pas disponibles uniformément, cela dépend du système médical de chaque province ou pays. Aux États-Unis, certains laboratoires privés font même la promotion de ces services par voie électronique. Que les résultats sanguins soient concluants ou non, si vous avez de fortes raisons de croire que vous souffrez d'intolérance au gluten, trouvez un médecin qui acceptera de vous faire subir la biopsie intestinale.

◆ La biopsie du petit intestin

La biopsie du petit intestin est le test le plus adéquat et le plus précis dans le diagnostic de la maladie cœliaque. Le test doit être fait pendant que la personne prend toujours du blé ou d'autres grains contenant du gluten dans son alimentation. Si le retrait du gluten a déjà eu lieu, la biopsie ne sera d'aucune utilité.

Le but de la biopsie du jéjunum est de mettre à jour et d'évaluer le degré d'atrophie des villosités intestinales. La biopsie peut être faite sous l'effet d'une anesthésie ou éveillé, selon l'âge du patient et son choix. Il s'agit de passer un petit tube souple appelé endoscope par la bouche vers l'œsophage, l'estomac et le début du petit intestin. Le tube se termine par une petite capsule métallique percée d'un orifice. Par aspiration, on prend un petit spécimen de la muqueuse intestinale pour l'envoyer analyser au laboratoire. Si les résultats démontrent l'atrophie ou l'aplatissement des villosités, on a un diagnostic positif de la maladie cœliaque. Le traitement et l'adaptation du style de vie peuvent alors débuter.

La biopsie a quelques côtés négatifs importants à connaître afin de prendre une décision éclairée. Bien que ce soit une intervention simple, si on a choisi l'anesthésie, il y a toujours un léger pourcentage de complications possibles. Une autre incidence possible, bien que rare, est la perforation du petit intestin. Il peut aussi y avoir un saignement exagéré.

La biopsie ne prélevant qu'un minuscule fragment de l'intestin, il y a toujours la possibilité qu'on recueille un morceau d'intestin en santé, surtout si la maladie n'a pas encore endommagé une très grande surface. Il faut d'ailleurs un médecin compétent pour s'acquitter de l'analyse, car il faut être attentif si le dommage est minime mais tout de même présent. Le but est d'éviter un faux résultat négatif chez un individu souffrant bel et bien de la maladie.

Même en présence d'une intolérance au gluten et d'une perméabilité accrue (par l'irritation et l'inflammation constante) de l'intestin *(leaky gut)*, la biopsie peut montrer des tissus sains. Si c'est le cas, nous revoilà au point de départ, avec des symptômes irritants pour ne pas dire incapacitants chez certaines personnes, et aucun diagnostic concluant.

Le retrait du gluten

Nous avons fait un survol de la diète sans gluten au chapitre 2, et nous y reviendrons plus en détail au chapitre 5. Chez les gens ayant reçu un diagnostic positif de la maladie cœliaque, la peur d'une maladie grave comme le cancer ou encore les craintes que l'imagination aura vite fait de semer vont peu à peu s'évanouir et faire place au calme. Le retrait des aliments glutineux de la diète donne souvent des résultats rapides et spectaculaires. Pour certains, selon le degré de dommage aux villosités intestinales et la sévérité de leur régime sans gluten, le chemin sera un peu plus long, mais sans doute victorieux.

Plusieurs villes ont maintenant des groupes d'entraide pour les cœliaques, et la présence d'ordinateurs avec accès à l'Internet dans les maisons permet de joindre facilement les regroupements ou associations de chaque province ou État, en plus de visiter des centaines de sites d'informations sur le sujet et de recettes sans gluten.

Pour les gens qui ont obtenu un résultat négatif mais qui ont encore des doutes, il est sans danger d'essayer le retrait du gluten de l'alimentation. On fait un essai diététique de six semaines à trois mois, bien que la plupart s'entendent pour dire que de deux à six mois est un laps de temps plus réaliste pour obtenir des résultats. S'il y a rémission des symptômes après l'élimination du gluten, il est fort possible que l'individu souffre réellement d'intolérance au gluten. Trop souvent, suivant un résultat négatif, la personne retourne à la maison et garde le même régime. Le médecin qui se fie au seul résultat de la biopsie est dogmatique et peu scientifique car, après tout, seuls les meilleurs intérêts du patient doivent compter. La suggestion d'essayer la diète sans gluten montre une largesse d'esprit de la part du médecin. Il faut ajouter ici que quelquefois les patients veulent s'en tenir aux résultats des tests seulement, car bien entendu une diète représente un effort considérable pour une personne déjà affaiblie.

◆ Le test « challenge »

Le test « challenge », ou défi, est conseillé aux gens sans diagnostic certain. Après un retrait du gluten de la diète pendant quelques mois, on le réintègre à l'alimentation pour un essai. Les symptômes d'intolérance peuvent réapparaître au bout d'un jour ou deux, mais ils peuvent aussi ne pas se manifester avant deux mois, il est donc important d'être aux aguets. Si l'intestin avait commencé sa guérison, cela explique le court laps de temps sans symptômes, soit jusqu'à ce que le dommage recommence. Dans ce cas, le retrait à vie du gluten est préconisé.

Certains médecins, surtout dans les cas douteux de la maladie cœliaque, vont vouloir faire la biopsie intestinale une deuxième fois après le retrait du gluten de la diète pendant plusieurs mois, et même une troisième fois lorsque le client aura fait le test défi (soit la réinsertion du gluten dans l'alimentation). Cette approche semble de moins en moins utilisée, car une biopsie intestinale présente quand même quelques dangers. Bien des gens refusent de faire le test défi alors qu'ils reprennent tout juste le chemin de la santé.

Ce test défi n'est pas recommandé aux adolescents en « lune de miel », soit en rémission de symptômes, s'ils ont été formellement diagnostiqués plus jeunes. Il n'y a aucun danger à effectuer ce test chez un individu aux résultats négatifs, même sans l'approbation du médecin. La diète sans gluten n'est pas mal équilibrée, elle suggère plutôt une alimentation imaginative et un peu différente. La maladie cœliaque n'a pas encore de cure, seulement une diète.

Le danger de faire le test défi réside dans le fait que, pour une raison ou une autre, la personne ne reprenne pas la diète sans gluten, même après la réapparition des symptômes. Qu'elle le fasse par paresse, par dégoût de suivre un régime spécifique, par manque de confiance en son diagnostic ou parce qu'elle a des symptômes atypiques plus difficiles à lier à une maladie de l'intestin, peu importe la raison, on doit lui apporter un soutien moral et lui fournir de l'information sans porter de jugement.

En réalité, le diagnostic de la maladie doit inclure trois points précis :

➤ un doute de la présence de la maladie cœliaque basé sur les symptômes, l'apparence physique, le retard de croissance (chez l'enfant) et les tests sanguins anormaux ;

➤ une biopsie du petit intestin qui révèle des dommages aux villosités intestinales ;

➤ une amélioration DÉFINITIVE en suivant la diète sans gluten.

Si la consommation de gluten perdure

Un mauvais diagnostic de la condition ou un refus de suivre la diète sans gluten peut être dangereux, voire menaçant pour la vie. Sans le retrait du gluten chez la personne cœliaque, la maladie cheminera vers une ou des affections dégénératives très importantes. La personne devient éventuellement sous-alimentée, déficiente en plusieurs éléments nutritifs essentiels, anémique, léthargique et définitivement mal à l'aise, surtout si elle souffre des symptômes intestinaux. L'infertilité a déjà été attribuée à cette maladie.

D'après le Dr Joseph Murray[1] de la clinique Mayo, puisque la maladie cœliaque est auto-immune, il s'ensuit que d'autres maladies du système immunitaire peuvent survenir. L'arthrite rhumatoïde, le lupus, le diabète du type 1 et des troubles de vision sont quelques conséquences possibles. Ces maladies ne sont pas causées par le gluten lui-même, toujours selon le Dr Murray, mais plutôt par une prédisposition génétique à des troubles immunitaires. Les cœliaques ont de 60 à 80 fois plus de risques de souffrir d'un lymphome intestinal, un type de cancer extrêmement rare dans la population en général.

Le risque de développer un lymphome commence à diminuer dès le moment où le patient élimine le gluten de sa diète. Le risque continue de décroître sur une période de trois à cinq ans jusqu'à rejoindre le pourcentage de la population en général, qui est minime. Le Dr Murray croit que les victimes de la maladie cœliaque devraient traiter le gluten comme du poison à rat!

Les signes de malabsorption

Résultat de l'aplatissement des villosités intestinales, qui cause la perte d'enzymes digestives et la réduction de la surface d'absorption de l'intestin, la nourriture passe à travers le tractus intestinal sans être complètement digérée. Souvent, le passage d'aliments non digérés cause la diarrhée. Les selles des cœliaques contiennent fréquemment des gras non digérés ; volumineuses, elles ont tendance à être de couleur grisâtre et extrêmement nauséabondes. Les selles flottent parfois dans la toilette avec des gouttelettes de gras visibles autour, et on remarque même la présence d'aliments non digérés.

Si cette perte d'aliments non digérés continue, elle amènera une perte de poids car les masses graisseuse et musculaire du corps diminueront. Les conséquences observables sont un gonflement de l'abdomen, une maigreur des bras et des jambes, et l'aplatissement du fessier. Chez les enfants, qui sont moins enclins à avoir des crampes intestinales, on constate une tendance à l'irritabilité et à la léthargie. Ce qui est surprenant, c'est que malgré leur apparence physique d'enfant affamé, leur appétit est souvent très pauvre.

Si un traitement pour cesser la malabsorption n'est pas instauré, on convergera rapidement vers la malnutrition. Comme des nutriments vitaux sont perdus dans les selles au lieu d'être absorbés par la circulation sanguine pour nourrir les cellules, on finit par être en manque flagrant de certains principes nutritifs. La perte de gras dans les selles entraîne la perte du calcium, ce qui peut mener à des calculs rénaux ou à une maladie des os appelée l'ostéomalacie, un amollissement de l'os aussi connu sous le nom de rachitisme chez l'enfant. La malnutrition peut aussi causer un retard de croissance marqué chez l'enfant et entraver son développement.

Voyons maintenant ce qu'entraîne une pénurie ou la malabsorption des autres classes d'aliments.

➤ Les glucides : S'ils sont mal digérés et peu absorbés, ces sucres stagnent dans l'intestin, sont dégradés par la flore intestinale et finissent en résidus acides si nocifs pour notre corps.

➤ Les protides : Les protéines subissent un sort semblable ou pire. L'intestin peut même laisser exsuder des sécrétions riches en protéines, ajoutant aux pertes nutritives.

➤ Les graisses : Peu ou pas absorbées, elles passent par les selles. Les selles d'une personne saine sur une période de 24 heures contiennent environ 5 grammes de graisse. Chez l'individu intolérant au gluten, ce chiffre peut grimper jusqu'à 20 grammes. C'est d'ailleurs un critère utile dans le diagnostic de la maladie.

➤ Le calcium : Comme mentionné plus haut, l'hypocalcémie peut aussi dégénérer en problèmes neurologiques et osseux.

➤ La vitamine K : Sa diminution peut causer des difficultés de coagulation.

➤ Le fer, les vitamines du complexe B incluant l'acide folique : Tous ces éléments sont indispensables à la synthèse des globules rouges. Les carences peuvent mener à des troubles sanguins, dont l'anémie.

Et la liste pourrait s'allonger pour inclure toutes les vitamines ainsi que plusieurs minéraux essentiels. En plus de régler la cause du trouble d'absorption grâce à une diète sans gluten, il est important de voir à revitaliser la personne par la prise supplémentaire de vitamines et minéraux durant plusieurs mois, jusqu'à ce que l'intestin soit remis en forme et puisse reprendre ses fonctions vitales.

Le renouvellement rapide des cellules épithéliales des villosités intestinales a une importance certaine. L'épithélium se renouvelle tous les trois à six jours, ce qui veut dire qu'avec la priorité mise sur la diète sans gluten, la santé intestinale peut se refaire rapidement.

Chapitre 4

Les conditions connexes

L a maladie cœliaque est une maladie auto-immune. « Maladie auto-immune » est un terme général qui décrit un état où le corps produit des réactions immunitaires contre lui-même. Pour mieux comprendre, voyons un peu ce qu'est le système immunitaire.

Le système immunitaire est composé de cellules spécialisées identifiant et éliminant les intrus qui menacent la santé du corps humain. Ces intrus sont plus spécifiquement les bactéries, les virus, les parasites, les moisissures, les cellules devenues anormales (cancer) ou usées. Ils sont rapidement étiquetés comme non désirables et dévorés par les cellules du système immunitaire. Si tel n'était pas le cas, ces intrus pourraient se multiplier à leur guise et notre santé se détériorait rapidement.

Il arrive que la réaction du système immunitaire soit trop agressive. C'est le cas lors d'une réaction allergique. L'allergie est une réponse inappropriée du système immunitaire à une substance normalement inoffensive (pollen, poussière) pour notre corps.

Lorsqu'une personne souffre d'une maladie auto-immune, le système immunitaire s'attaque à lui-même, ciblant ses propres cellules, tissus et même organes comme s'il s'agissait d'intrus inconnus. Le lupus, la sarcoïdose, la sclérose en plaques, le psoriasis, le diabète et l'arthrite sont des exemples de maladies auto-immunes.

Une grande partie des cellules du système immunitaire est composée de globules blancs ou leucocytes, dont il existe plusieurs types. Les deux types principaux sont les lymphocytes B, qui produisent les anticorps, et les lymphocytes T, qui participent à la réaction immunitaire en combattant activement les cellules infectées par un virus et les cellules tumorales. Les lymphocytes T nous débarrassent des virus de la grippe et d'autres menaces externes au corps.

Chez les gens atteints de la maladie cœliaque, les lymphocytes T des intestins répondent spécifiquement à quelque chose dans le gluten, identifiant celui-ci comme une substance qui doit être éliminée du corps. Pour être plus précis, les lymphocytes T réagissent à la partie du gluten qui est liée à une protéine du corps humain appelée transglutaminase. Cela a pour résultat que les lymphocytes, qui habituellement empêchent le dommage dans le corps, font le contraire en présence de la transglutaminase, s'attaquant alors aux villosités intestinales.

Le système immunitaire du cœliaque, comme chez toutes les personnes atteintes de maladies auto-immunes, est hyperactif, et non en diminution d'activité comme on aurait tendance à le penser. Si ces personnes sont souvent malades, ce serait plutôt dû à une malnutrition par malabsorption des nutriments essentiels.

Complications causées par l'intolérance au gluten

Au chapitre 2, nous avons dressé une liste des nombreux symptômes de la maladie cœliaque, suivi au chapitre 3 d'explications des troubles liés au manque d'absorption de nutriments essentiels. Voyons maintenant les complications causées par ce manque d'absorption prolongé dû à l'intolérance au gluten.

Sans le retrait définitif du gluten, la maladie cœliaque continue ses ravages et peut causer plusieurs conditions importantes et même menaçantes pour la vie, incluant :

➤ L'ostéoporose – une condition où les os deviennent faibles, friables et prédisposés aux fractures. Une mauvaise absorption du calcium est un facteur contribuant à cette condition.

➤ L'ostéomalacie – ramollissement des os par manque d'absorption de la vitamine D. On retrouve une composante ostéomalacique chez 50 à 70 % des victimes de la maladie cœliaque[1]. Il arrive souvent que l'investigation de l'ostéomalacie amène le diagnostic de la maladie cœliaque. L'équivalent chez l'enfant est le rachitisme.

➤ Une petite stature chez l'enfant qui manque d'éléments nutritifs essentiels depuis le jeune âge, quand une bonne alimentation est cruciale à son développement et à sa croissance. Les enfants chez qui la condition est détectée et traitée avant la fin de leur croissance récupèrent souvent tout leur retard.

➤ Douleur osseuse ou arthritique.

➤ Perte de poids.

➤ Épilepsie avec calcifications cérébrales ou convulsions – résultant de l'absorption inadéquate d'acide folique. On pense que le manque d'acide folique provoque des dépôts de calcium ou des calcifications dans le cerveau, menant ensuite à des convulsions.

➤ Hémorragie interne.

➤ Désordre du système nerveux central et périphérique.

➤ Trouble pancréatique.

➤ Lymphome intestinal.

➤ Anémie.

➤ Diarrhée chronique.

➤ Intolérance au lactose.

➤ Aphtose buccale répétitive.

➤ Manque d'émail sur les dents des enfants.

➤ Infertilité chez l'homme et la femme.

➤ Retard des premières menstruations, ménopause prématurée, avortement spontané chez la femme et malformation congénitale du bébé, comme un défaut du tube neural.

➤ Une variété de troubles émotionnels, tels que la fatigue chronique, l'irritabilité, les troubles de concentration, le trouble de déficit d'attention avec ou sans hyperactivité, et même un comportement schizophrénique.

Autres personnes à risque qui devraient être testées

A priori, lorsqu'on reçoit un diagnostic de la maladie cœliaque, tous les membres de la famille immédiate devraient être testés même s'ils n'exhibent aucun symptôme. Comme il s'agit d'un trouble génétique, l'un ou les deux parents sont au moins porteurs du gène de la maladie. Un porteur est une personne qui passe un gène particulier à son enfant, mais qui lui-même n'a pas de symptômes de cette maladie. Plusieurs recherches estiment à plus de 10 %, certaines même jusqu'à 30 % les risques que les membres de la famille immédiate, dite famille du premier degré, aient la maladie cœliaque avec ou sans symptômes. Il ne faut pas oublier que la maladie peut rester latente chez certains individus jusqu'à ce qu'un facteur déclenchant intervienne. Plusieurs personnes asymptomatiques refusent carrément de subir le dépistage. On peut insister en leur indiquant les conséquences de la maladie non diagnostiquée. Ils auront alors les outils nécessaires pour prendre une décision éclairée.

Les gens souffrant de certaines affections devraient être testés pour la maladie cœliaque même si aucun membre de leur famille n'a été diagnostiqué, et ce, même s'ils n'exhibent aucun symptôme classique de l'intestin. Certaines maladies semblent avoir une préférence pour les cœliaques. L'augmentation des probabilités de souffrir de ces maladies auto-immunes est sûrement liée aux mêmes facteurs héréditaires qui prédisposent à la maladie cœliaque. L'apparition de ces maladies n'est pas empêchée par une diète sans gluten.

Les gens souffrant des conditions suivantes ou de toutes autres maladies auto-immunes devraient être testés :

➤ diabète mellitus ou insulino-dépendant ;

➤ syndrome de l'intestin irritable ;

- maladie inflammatoire de l'intestin ;

- déficience en fer persistante ;

- syndrome de Down ou trisomie ;

- fibrose cystique ;

- hépatite chronique ou cirrhose biliaire ;

- sida ;

- thyroïdite ;

- sclérodermie ;

- néphropathie (problème rénal) ;

- syndrome de Sjogren ;

- syndrome de Renaud (trouble circulatoire) ;

- maladie d'Addison (insuffisance des surrénales) ;

- myasthénie gravis ;

- arthrite rhumatoïde ;

- épilepsie.

Conditions possiblement associées à l'intolérance au gluten

La maladie cœliaque est encore considérée comme rare en Amérique du Nord, ce qui fait que ses symptômes sont souvent mal diagnostiqués comme étant ceux du syndrome de l'intestin irritable ou d'une intolérance au lactose. Selon le Dr Joseph Mercola[2], l'incidence de maladie cœliaque est certainement beaucoup plus élevée qu'on le pense, il l'évalue même à 1 personne sur 10. Il affirme que le blé est l'une des principales raisons pourquoi tant de gens sont malades dans notre pays. Il trouve stupéfiant le nombre de problèmes de santé chroniques qui disparaissent complètement lorsque le blé est retiré de la diète. Plusieurs chercheurs présument que peu de gens peuvent digérer la gliadine, la protéine du blé. Notre corps essaie de digérer cette protéine en y attachant une enzyme. Chez un pourcentage élevé de gens, ce complexe enzyme-gliadine stimule une réaction auto-immune qui peut causer la maladie cœliaque ou, encore plus fréquemment, une série de symptômes chroniques, souvent intestinaux. Bien qu'il y ait encore beaucoup plus de questions que de réponses au sujet de l'intolérance au gluten, on commence à établir des liens entre l'ingestion de la gliadine et plusieurs maladies ou conditions.

◆ Arthrite rhumatoïde

L'arthrite rhumatoïde est une maladie inflammatoire chronique au début insidieux. Elle survient habituellement entre 20 et 40 ans, mais elle peut se présenter à tout âge. Elle frappe trois fois plus de femmes que d'hommes. Elle est loin d'être une maladie rare, car elle affecte entre 1 % et 3 % de la population. Elle se manifeste lentement par de la fatigue et une raideur articulaire. L'inflammation s'attaque à la membrane synoviale des articulations et peut atteindre tous les tissus des articulations. La maladie avancée peut se rendre au stade de l'ankylose invalidante.

Il est évident que c'est une maladie auto-immune, mais le facteur déclenchant de cette maladie est encore inconnu, bien qu'on avance plusieurs hypothèses. On mentionne un virus, une susceptibilité génétique, un facteur diététique ou une perméabilité accrue de l'intestin.

Le Dr R. Shatin, de Melbourne en Australie, a exploré la possibilité que le gluten soit un facteur dans l'arthrite rhumatoïde. Il a suggéré que la susceptibilité de développer la maladie puisse provenir d'une lésion primaire dans le petit intestin, où la malabsorption semblerait activée par la présence du gluten.[3]

Plusieurs recherches ont démontré qu'une intolérance au blé de même qu'à d'autres aliments pouvait causer des dérangements importants. L'intolérance au blé a été liée à des symptômes pénibles d'inflammation. Des douleurs aux jointures, particulièrement dans les mains, avec un peu d'enflure et de la raideur sont des symptômes d'une allergie au blé.

On a étudié le mécanisme déclenché par l'ingestion du gluten du blé chez les victimes d'arthrite rhumatoïde. Il semble suivre plusieurs étapes pour finalement se rendre dans les jointures et causer de l'inflammation. Un chercheur nommé Little[4] et ses collègues pensent que tout commence par un tractus intestinal perméable qui laisse passer des protéines antigènes (substances reconnues comme étrangères par le corps et provoquant la production d'anticorps par le système immunitaire) dérivées de la digestion du gluten, dont la gliadine. Cet antigène apparaît dans la circulation sanguine, et se trouve immédiatement uni à un anticorps spécifique (substance protéique produite par le corps en réaction à la présence d'un antigène). Ce complexe antigène-anticorps active le reste de la réponse immunitaire, et de la sérotonine est relâchée par les plaquettes. Le relâchement de la sérotonine dans la circulation sanguine entraîne des symptômes. Les jointures sont plus ou moins attaquées par le complexe antigène-anticorps qui cause du dommage à leurs cellules et active leur inflammation. Plus d'inflammation amène plus de douleur, d'œdème, de raideur, de même qu'une perte de mobilité.

Cette chaîne de réactions due à la présence d'un antigène au gluten a été vérifiée par d'autres chercheurs, mais on sait que d'autres aliments peuvent aussi provoquer l'arthrite.

Une étude publiée dans le journal médical britannique *The Lancet*[5] en 1989 évaluait l'évolution à long terme de 112 personnes souffrant d'arthrite rhumatoïde recevant un traitement médical conventionnel. Au bout de 20 ans, seulement 18 % de tous ces patients avaient un rythme de vie normal, 35 % étaient décédés, et 19 % étaient sévèrement handicapés. Le décès était la plupart du temps directement lié à l'arthrite rhumatoïde. Ces résultats démontrent clairement que les traitements conventionnels ne sont pas efficaces dans la gérance à long terme de la maladie. Il est urgent de trouver d'autres pistes à suivre.

Plusieurs personnes souffrant de diverses formes d'arthrite reconnaissent que la diète est impliquée tant dans la cause de leur maladie que dans son traitement. Les arthritiques devraient exiger les tests sanguins pour détecter la maladie cœliaque, et même poursuivre avec la biopsie intestinale avant le retrait du gluten de leur diète. Même si le diagnostic s'avère négatif, on doit revoir l'alimentation, en augmentant les fibres et en diminuant les viandes et le sucre. L'élimination du gluten pour une période de trois mois ou plus mérite un essai. Si le retrait des aliments contenant du gluten apporte un soulagement, la solution semble simple, peu coûteuse et encourageante.

Autisme

L'autisme fait partie des troubles envahissants du développement. C'est une condition plus prononcée chez certains que d'autres, qui se manifeste dès l'enfance et qui perdurera tout au cours de la vie. L'enfant a une tendance à l'isolement, vivant dans son propre monde, souvent replié sur lui-même, prêtant peu d'importance à l'environnement extérieur. Son comportement distinct est souligné par plusieurs traits, tels que l'évitement du regard des autres, une difficulté à communiquer, un trouble de socialisation, l'exécution de mouvements répétitifs comme se balancer ou se frapper la tête. Plusieurs autistes semblent avoir une prédilection pour les gestes rituels et résistent d'autant plus au changement. L'apprentissage et l'autonomie sont grandement affectés.

Bien que cette maladie ait longtemps relevé de la psychiatrie, on effectue maintenant un tournant vers une problématique immunologique et gastroentérique. Des recherches récentes prônent l'importance de l'alimentation dans le traitement de l'autisme. Diverses études ont établi un lien entre l'aggravation générale du comportement autistique et certaines intolérances alimentaires. Parmi les principaux responsables figurent la caséine, une protéine des produits laitiers, et le gluten, la protéine de plusieurs grains.

C'est vers 1980 que plusieurs recherches argumentant la relation entre la diète et l'autisme ont fait leur apparition. Depuis, maintes études publiées indiquent que près de 50 % des patients autistes voient leurs conditions s'améliorer lorsqu'ils suivent une diète sans gluten ni caséine. Dans le journal *Le Soleil* du 13 mai 2001, Josiane Cyr, nutritionniste, mentionnait même un pourcentage d'amélioration de 81 %.

Elle ajoutait que selon le Dr Bradstreet, un médecin américain, cette alimentation sans gluten ni caséine devrait être la première étape à envisager, et que plus elle était mise à exécution rapidement, meilleurs seraient les résultats.

On sait que la structure moléculaire de la caséine est presque identique à celle du gluten, ce qui expliquerait peut-être le même trouble d'absorption pour les deux protéines. On suggère que le système digestif, incapable de métaboliser certaines protéines comme la caséine et le gluten, préserverait un certain nombre de peptides (acides aminés) non complètement digérés. Une théorie actuelle qui semble appuyée par plusieurs études soutient que les peptides posséderaient des propriétés opiacées (de la même famille chimique que la morphine). Cette activité opioïde pourrait désorganiser de nombreuses fonctions du système nerveux central telles que la perception, les émotions, les comportements et l'humeur. En résumé, plusieurs peptides non décomposés traverseraient une paroi intestinale perméable (trop poreuse), pour parvenir au cerveau par la circulation sanguine, et y provoqueraient des dommages considérables, ayant comme conséquences l'apparition de plusieurs symptômes propres à l'autisme. On remarque aussi l'attrait prononcé des personnes autistes vers des aliments contenant ces deux protéines, comme un phénomène de dépendance tel un toxicomane à la drogue.

Ces observations ont mené à d'autres recherches aux États-Unis, en Angleterre et en Norvège. Toutes ont repéré une présence anormale de peptides opioïdes dans l'urine d'un pourcentage élevé d'autistes. On a aussi décelé la présence de cette substance à propriétés opiacées dans le liquide cérébro-spinal d'enfants autistes qui exhibaient des comportements différents ; soit ils avaient tendance à se blesser eux-mêmes, soit ils semblaient moins aptes à ressentir la douleur que la population normale. Les chercheurs ont conclu que ces opiacés peuvent seulement provenir de la digestion incomplète de certains aliments.

Revenons maintenant à la raison pour laquelle ces peptides sont capables de traverser la paroi intestinale. D'après l'article signé Josiane Cyr paru le 13 mai 2001 dans *Le Soleil*, suivant le congrès international sur l'autisme tenu à Québec, les autistes souffrent fréquemment d'inflammation intestinale chronique. L'auteure mentionne une étude menée en 1996 auprès de 21 personnes atteintes d'autisme, qui a déterminé que 43 % d'entre elles présentaient une perméabilité accrue de l'intestin. De plus, des tests sur 12 enfants ont montré des anomalies intestinales chez chacun d'eux.

Si on a l'intention de demander l'appui de tests médicaux pour déterminer la présence de la maladie cœliaque, il est important de se souvenir de faire les tests avant le retrait du gluten, sinon, les tests seront négatifs.

On ne peut affirmer qu'une modification du régime vers une alimentation sans gluten ni caséine est capable de guérir l'autisme, mais si on peut améliorer le comportement d'un pourcentage d'enfants autistes, la qualité de vie de bien des gens sera améliorée, incluant celles de leurs parents. Certains enfants diagnostiqués avant l'âge de deux ans adhérant à cette diète ont si bien répondu au changement qu'on peut aujourd'hui mettre en doute leur diagnostic. Chez les enfants plus âgés au moment du retrait de la caséine et du gluten, la récupération n'est peut-être pas si importante, mais chaque progrès positif compte. On note aussi des améliorations chez les adultes. Lorsque la diète sans gluten et sans caséine est entreprise, il arrive que la réaction de sevrage aux propriétés opiacées des aliments amène des symptômes tels que de l'anxiété, des accès de colère et une tendance à être plus dépendant. Ces symptômes de sevrage sont considérés comme un bon signe. Après une période de trois mois, les signes et symptômes de l'autisme pourraient s'estomper. Si la réponse à la diète sans gluten et sans caséine s'avère positive, on devrait voir des résultats dans les trois premiers mois suivant le retrait. Des milliers de parents dans le monde entier confirment une amélioration certaine chez leurs enfants. Certains adultes autistes qui ont un degré de fonctionnement élevé ont déclaré qu'ils avaient senti le brouillard se lever.

◆ **Avortement spontané**
et le retard de croissance chez le fœtus

Les femmes dissimulant une maladie cœliaque insoupçonnée et désirant une grossesse font face à deux risques potentiels. Le premier est qu'elles ont plus de chance d'être infertiles que la moyenne des femmes, et le deuxième est que leur bébé court plus de risques de malformations néonatales. Les recherches permettent maintenant d'affirmer que les hommes peuvent aussi avoir des problèmes de fertilité résultant de la maladie cœliaque.

Chez les femmes pour lesquelles la présence de la maladie est inconnue, l'explication la plus plausible aux malformations chez l'enfant est probablement la malabsorption, problème dont elles ignorent l'existence. Elles pensent que parce qu'elles se nourrissent adéquatement, elles assimilent tous les nutriments nécessaires. Les éléments nutritifs essentiels comme l'acide folique et le fer jouent un rôle critique dans le développement du fœtus. L'acide folique est indispensable surtout au début de la grossesse, même quand la femme ne sait pas encore qu'elle est enceinte. Une déficience d'acide folique est un des facteurs principaux dans les cas de spina-bifida, une malformation congénitale grave, et d'anencéphalie (absence du cerveau).

Plusieurs études démontrent que le dépistage de la maladie cœliaque et le retrait du gluten affectent grandement l'aboutissement final de la grossesse. C'est en mars 2000, en Italie[6], qu'une recherche a conclu que jusqu'à 50 % des femmes cœliaques sans traitement souffraient d'avortements spontanés ou de fin de grossesse défavorable. Dans la plupart des cas, de 6 à 12 mois d'une diète sans gluten ramène ce pourcentage à la normale.

En 1996, une autre étude faite à Naples, en Italie[7], a décrit les conséquences d'une diète sans gluten durant la grossesse et l'allaitement chez 125 femmes cœliaques. La recherche a conclu que la diète sans gluten affecte positivement la grossesse, diminue l'incidence d'avortement spontané, le risque d'un bébé à faible poids et le manque de lait maternel.

En 2000, à Rome, le Dr Antonio Gasbarrini[8] et ses collègues ont déterminé que la maladie cœliaque joue un rôle dans les avortements spontanés répétitifs et dans le retard de croissance du fœtus dans l'utérus. Ces chercheurs ont étudié les cas de 44 patientes qui souffraient d'avortements spontanés, de 39 patientes dont les fœtus montraient des retards de croissance intra-utérins et de 50 femmes sans problème (groupe contrôle). Dans chaque groupe, ils ont effectué des prélèvements de sang afin d'évaluer les concentrations sanguines d'anticorps anti-endomysium et anti-transglutaminase (indices pour la maladie cœliaque). Selon le Dr Gasbarrini, les femmes souffrant d'avortements spontanés et de retard de croissance du fœtus affichaient des taux significativement plus élevés des marqueurs de la maladie cœliaque que les femmes du groupe de contrôle. En plus, on a découvert que trois des femmes à avortements spontanés et six de celles avec des retards de croissance intra-utérins testaient positives pour la maladie cœliaque. Neuf de ces femmes ont subi la biopsie de l'intestin grêle et huit ont été confirmées comme cœliaques. De ces huit femmes, trois souffraient d'inflammation chronique de la muqueuse duodénale et d'atrophie presque totale des villosités intestinales, et cinq présentaient une atrophie sévère de la muqueuse intestinale. Les recherches ont démontré encore une fois l'importance de reconnaître la maladie cœliaque comme un facteur de risque pour des avortements spontanés répétitifs et des retards de croissance intra-utérins du fœtus.

Chez l'homme dont l'infertilité relève de la maladie cœliaque, il est fort probable d'inverser cet état en évitant tout gluten afin de lui permettre de connaître à son tour la joie paternelle. Des études prouvent qu'avec le même cheminement diététique, la femme incapable de concevoir réussit à tomber enceinte.

Il est important de mentionner que la femme cœliaque qui suit un régime sans gluten ne court pas de risques additionnels durant la grossesse à cause de sa maladie. Bien entendu, les visites périnatales et la prise de suppléments sont toujours recommandées, comme pour toutes les femmes enceintes.

Dépression

Plusieurs recherches rapportent la dépression comme un symptôme très commun de la maladie cœliaque. Toute personne ayant vécu cette affliction même à court terme peut imaginer l'enfer de le vivre à long terme sans trouver la cause du trouble dépressif. Les caractéristiques d'une dépression sont la tristesse et la léthargie qui enlèvent le goût et le courage de faire face aux activités quotidiennes, si ce n'est le goût de vivre. Bien des causes sont possibles, allant de la perte d'un être cher à un trouble hormonal, une allergie ou même une déficience nutritionnelle.

Dans un livre intitulé *Coeliac Disease* (1984), Cooke et Holmes citent à plusieurs reprises que la maladie dépressive est le symptôme le plus commun d'une intolérance au gluten. Ils ajoutent que les personnes nouvellement diagnostiquées comme souffrant de la maladie cœliaque se remettent rapidement de leur dépression dès l'ajout de la vitamine B_6 à leur diète. Ils expliquent que la malabsorption causée par le dommage aux villosités intestinales empêche non seulement l'absorption des vitamines liposolubles, mais aussi des vitamines B_6, B_{12} et de l'acide folique, qui sont toutes impliquées dans la neurotransmission.

Dans un autre essai, 11 cœliaques souffraient de dépression persistante en dépit d'une diète sans gluten depuis plus de deux ans. Après une supplémentation quotidienne de 80 mg de vitamine B_6 (pyridoxine) pendant six mois, toute trace de dépression avait disparu.[9]

En 1999, une autre étude démontrait que la maladie cœliaque non traitée pouvait conduire à des troubles de comportement sérieux. Un pédiatre décrivait trois adultes, non diagnostiqués ou non traités pour la maladie cœliaque, sans aucun symptôme intestinal, mais exhibant des symptômes dépressifs persistants. Ces adultes étaient des parents de patients pédiatriques. Chez tous les trois, les symptômes de dépression se sont vite dissipés après le retrait du gluten de leur diète. En conclusion, le pédiatre ajoutait que la maladie cœliaque devrait être prise en considération lorsqu'on est en présence de troubles de comportement et de dépression, particulièrement si les patients ne répondent pas aux médicaments antidépresseurs habituels.[10]

Un autre rapport observait une variation du taux de peptides urinaires chez des gens souffrant de dépression psychotique. Il s'agissait du même genre de peptides excrétés dans l'urine de gens déprimés, mais en plus grande quantité.[11] On sait que la dépression psychotique inclut souvent des hallucinations, tout comme il est possible d'en avoir après consommation d'opiacés. On peut se questionner à savoir si des propriétés opioïdes affectent le cerveau comme on le suggère dans le cas de l'autisme. Si la quantité de peptides dans l'urine est plus grande, est-ce que l'hypothèse qu'il y a plus de substances opioïdes libérées dans le cerveau est plausible?

Quelle qu'en soit l'explication, toute dépression est pénible à vivre. Pour les gens qui cherchent encore une réponse à leur questionnement au sujet de leur état dépressif, l'investigation de la maladie cœliaque trace une piste d'espoir (voir le témoignage d'Emily au chapitre 9). L'essai d'une diète sans gluten pour trois à six mois est fortement encouragé, même si les tests ne sont pas faits ou si leurs résultats sont négatifs.

Dermatite herpétiforme

La dermatite herpétiforme, autrement nommée maladie de Duhring ou de Duhring-Brocq, est une affection cutanée bénigne mais chronique. Elle est associée à la maladie cœliaque. D'abord, les changements de la muqueuse intestinale et les conditions immunologiques chez la majorité des patients atteints de cette dermatite sont identiques à ceux de la maladie cœliaque. Ensuite, le gluten semble avoir une relation directe avec l'éruption cutanée de la dermatite. On fait souvent référence à la dermatite herpétiforme comme « le cœliaque de la peau » et à la maladie cœliaque comme « le cœliaque de l'intestin ».

Le début de la maladie se situe le plus souvent à l'adolescence ou entre la trentaine et la fin de la quarantaine. On estime à 1 sur 100 000 le nombre de cas, avec un ratio de deux hommes pour une femme. Elle est plus commune chez les personnes de race blanche, et plutôt rare dans la population noire et asiatique.

Typiquement, la dermatite herpétiforme commence par une sensation de brûlure intense, de piqûre de la peau avec une démangeaison différente d'une démangeaison ordinaire. Ces sensations désagréables peuvent se produire de 8 à 12 heures avant l'apparition de la lésion. Quand cette lésion se révèle, elle est rouge, surélevée, mesure habituellement moins de 1 cm de diamètre, et contient une vésicule ou une bulle en son centre. Si la lésion est grattée, une croûte se formera à sa surface. Les démangeaisons peuvent persister de 7 à 10 jours avant que les vésicules commencent à croûter. Elles ne contiennent pas de pus. Les régions affectées sont les coudes, les genoux, la nuque, le cuir chevelu, les épaules, le haut du dos et les fesses. Le visage est occasionnellement atteint, mais rarement l'intérieur de la bouche. Les lésions ont habituellement une distribution symétrique.

Le mot herpétiforme provient de « semblable à l'herpès », à cause de la tendance des lésions à apparaître par groupes comme les lésions de l'herpès. Le diagnostic est établi par la biopsie, faite par prélèvement de peau au niveau d'une lésion. On ne sait pas encore pourquoi les cœliaques ne souffrent pas tous de la dermatite herpétiforme. Les dommages aux villosités du jéjunum sont essentiellement les mêmes dans les deux maladies, excepté que ceux de la dermatite sont habituellement moins sévères. Chez les gens concernés par la dermatite, un léger pourcentage souffre de troubles intestinaux, et on estime que de 14 à 20 % démontre aussi une malabsorption des gras, du fer ou des deux, ainsi qu'une incidence accrue d'anémie pernicieuse, de maladies liées à la thyroïde et de lymphomes intestinaux.

Le traitement de la dermatite herpétiforme comprend des médicaments pour la dermatite, qui sont sans influence sur les dommages de l'intestin, et l'instauration d'un régime alimentaire sans gluten. On suggère aussi d'éviter les produits laitiers, qui semblent contribuer à l'exacerbation de la dermatite herpétiforme. La maladie est considérée comme une condition à vie qui s'activera par monts et par vaux. Une rémission de la dermatite se produit chez 10 à 20 % des patients.

◆ Diabète

Le diabète insulino-dépendant, nommé aussi diabète de type 1 ou diabète juvénile, est une maladie auto-immune où les globules blancs du corps attaquent les cellules du pancréas responsables de la production d'insuline. L'insuline est donc absente du corps et doit lui être fournie par injection de façon régulière. De toutes les maladies auto-immunes associées à la maladie cœliaque, la connexion la mieux établie est celle avec le diabète insulino-dépendant.

D'après une étude faite à Oxford par le Dr John Todd, le diabète du type 1 apparaît chez 0,5 % de la population en générale, mais chez 5 à 10 % des cœliaques. Le diabète est normalement diagnostiqué en premier, surtout parce que ce type de diabète montre des symptômes très tôt dans la vie de l'enfant et que son diagnostic est évident. Jusqu'à maintenant, aucune connexion n'est établie avec le diabète de type 2. Le diabète et la maladie cœliaque montrent quelques similitudes, telles que des antécédents européens chez leurs victimes et des marqueurs du système immunitaire identiques.[12]

Une autre étude rendue publique en octobre 2001 concorde, concluant que près de 5 % des enfants diabétiques sont aussi atteints de la maladie cœliaque. Le Dr Steven L. Werlin et ses collègues, du collège médical du Wisconsin à Milwaukee, ont testé pour les anticorps anti-endomysium 218 diabétiques juvéniles âgés entre 4 et 21 ans, et un groupe contrôle de 117 personnes du même âge. On a offert la biopsie intestinale aux enfants ayant obtenu des résultats positifs. On a aussi évalué leurs symptômes par un questionnaire aux parents. Dix-sept des enfants diabétiques ont obtenu un résultat positif au test d'anticorps, mais aucun dans le groupe contrôle. Quatorze des 17 patients positifs ont subi la biopsie du petit intestin. On a remarqué une atrophie villositaire chez 11 d'entre eux. Deux des patients avaient une augmentation des lymphocytes intra-épithéliaux mais sans atrophie des villosités. Ce qui est intéressant, c'est que plus de la moitié des diabétiques diagnostiqués comme cœliaques par la biopsie étaient asymptomatiques. Selon le Dr Werlin, ces résultats indiquent une relation entre la maladie cœliaque et le diabète juvénile. Une autre étude présume que le traitement de la maladie cœliaque rendrait le diabète plus facile à gérer. Elle recommande que tous les enfants souffrant de diabète juvénile soient testés pour la maladie cœliaque, ce qui préviendrait les multiples complications de cette maladie.[13]

◆ Migraine

Les migraines ou les maux de tête sévères et chroniques perturbent la vie de bien des gens. Le Dr Marios Hadjivassiliou, un neurologue britannique, travaille à ce sujet depuis plusieurs années. Dans une étude récente publiée dans le journal de l'Académie des neurologues américains, il rapporte que le gluten peut déclencher des migraines chez les gens qui y sont sensibles et qui continuent d'en consommer. Pour l'étude en question, on a examiné 10 patients adultes venus consulter pour des migraines persistantes et résistantes au traitement habituel. Certains de ces patients souffraient aussi de troubles de coordination des mouvements et de perturbations de la marche. La recherche d'anticorps spécifiques au gluten a permis d'orienter le diagnostic. Tous les patients ont eu des tests positifs, donc étaient sensibles au gluten. Ils ont aussi subi une résonance magnétique nucléaire qui mettait à jour une inflammation du système nerveux central. Neuf des 10 patients ont retiré le gluten de leur alimentation, et pour 7 d'entre eux, les maux de tête ont complètement disparu. Les deux autres patients ont connu un soulagement appréciable mais non complet. Un de ces patients, âgé de 45 ans, souffrait de maux de tête depuis l'enfance. Selon le Dr Hadjivassiliou, le retrait du gluten chez les migraineux est une intervention thérapeutique prometteuse qui nécessite d'autres études.

◆ Ostéoporose

L'ostéoporose est le résultat d'une perte osseuse progressive qui diminue la densité et l'épaisseur de l'os. En état avancé, elle peut causer des fractures, le plus souvent aux vertèbres, aux hanches et aux poignets. Comme on sait que c'est durant l'enfance, l'adolescence et à l'âge de jeune adulte que nous construisons notre capital osseux, il devient très important de détecter la maladie cœliaque le plus tôt possible.

La raison pour laquelle les gens souffrant d'intolérance au gluten souffrent aussi d'ostéoporose est une déficience en calcium. Il faut se souvenir que l'absorption des vitamines et minéraux se fait dans le petit intestin, le même endroit où se trouvent les villosités si durement atteintes. Non seulement le calcium est peu absorbé, mais si le gluten continue de faire partie de la diète, on aura aussi un trouble d'absorption des vitamines liposolubles, dont la vitamine D qui joue un rôle essentiel dans l'assimilation et l'utilisation du calcium.

Chez l'enfant, un manque de calcium et de vitamine D se traduit en un ralentissement ou un arrêt du développement osseux, donc en un retard de croissance physique. La bonne nouvelle est qu'une fois le gluten radié de la diète, au fur et à mesure que l'intestin guérit et que l'absorption s'active, l'enfant peut reprendre sa croissance et récupérer le temps perdu. Dépendant de l'âge de l'enfant, la croissance redevient normale et peut souvent rattraper tout retard. Des tests osseux ont montré que la densité osseuse retrouve un niveau normal chez l'enfant. Certains médecins recommandent un supplément de calcium, au moins pour un certain temps.

Chez l'adulte, l'ostéoporose est souvent un trouble irréversible. On sait que chez la femme, la perte de densité osseuse est accélérée à la période de la ménopause et de la post-ménopause. Encore une fois, la détection de la maladie cœliaque est impérative. Aussitôt la condition contrôlée par la diète, on peut s'appliquer à rétablir les déficiences nutritionnelles. L'ajout de calcium, accompagné de magnésium, de phosphore et de vitamine D, est essentiel. L'activité physique, telle que la marche et l'haltérophilie ou tout exercice où l'on soulève des poids, est grandement conseillée pour favoriser la santé osseuse. Le Dr John Lee, dans son livre *What Your Doctor May Not Tell You About Menopause*, explique que la crème progestérone naturelle peut avoir un effet positif sur l'ostéoporose, allant jusqu'à augmenter la densité osseuse chez des femmes de tout âge.

On dit souvent que l'ostéoporose est un mal silencieux. En effet, très peu de symptômes sont associés à cette maladie, et souvent elle n'est détectée qu'à la suite d'une fracture. La perte de masse osseuse et la fragilité des os qui en résulte ne produisent pas de symptôme en soi. Lorsqu'on est diagnostiqué comme cœliaque, il est important de s'informer de sa santé osseuse. Un test appelé densitométrie osseuse, ou ostéodensitométrie, est utilisé pour mesurer la densité osseuse et détecter l'ostéoporose. Il est sans douleur et facilement accessible par ordonnance du médecin.

Il serait favorable de le faire au moment de la découverte de la maladie cœliaque et environ un ou deux ans plus tard, pour évaluer les changements.

◆ **Schizophrénie**

La schizophrénie est une désorganisation du psychisme qui affecte jusqu'à 1 % de la population et existe dans le monde entier. L'individu peut perdre le contact avec la réalité car le cours de sa pensée est perturbé, son affectivité bouleversée et il peut même se sentir persécuté. Sa perception irréelle de la vie amène des changements de comportement et de personnalité qui le poussent à l'isolement. Il souffre de tension, de dépression, de troubles de la personnalité et de la pensée, de fatigue et d'hallucinations.

Certaines recherches proposent plusieurs causes à la condition : l'hérédité, une complication durant la naissance, un traumatisme crânien, une réaction à un virus ou un empoisonnement par les métaux lourds. Le Dr Carl C. Pfeiffer, un pionnier dans le domaine de la recherche nutritionnelle, énumère dans son livre *Nutrition and Mental Illness* une liste de 29 causes, de bien connues à presque inconnues, de la schizophrénie. Il mentionne entre autres l'hypothyroïdie, la déficience en vitamine B$_{12}$ et en acide folique, la toxicité par les métaux lourds, l'hypoglycémie, l'allergie cérébrale, la sensibilité au gluten du blé, l'infection chronique par *Candida albicans*, le déséquilibre du niveau de sérotonine.

Une maladie cœliaque non diagnostiquée peut montrer des symptômes semblables à la schizophrénie. On sait que l'intolérance au gluten peut modifier l'état d'esprit d'un individu jusqu'à causer une dépression grave. Comme l'état schizophrénique s'est vu amélioré dans certains cas à la suite d'un jeûne, on a conclu qu'il pouvait s'agir d'une allergie alimentaire. Malheureusement, l'effet des aliments et le lien entre le corps et l'esprit sont encore très négligés dans l'approche thérapeutique habituelle, donc la connexion entre l'allergie alimentaire et les troubles de l'humeur passe souvent inaperçue. D'après le Dr Pfeiffer, il y a de plus en plus de preuves indiquant un lien entre l'absorption de certains grains et plusieurs troubles psychiatriques.

Une des premières observations à ce sujet a été faite en 1953 par la D[re] Lauretta Bender. Elle a noté que les enfants schizophrènes étaient extraordinairement enclins à la maladie cœliaque. Jusqu'en 1966, elle a rapporté 20 cas de la maladie cœliaque chez 2 000 enfants schizophrènes.[15]

Ces observations furent portées à l'attention du Dr F. Curtis Dohan[16], du collège médical de la Pennsylvanie. Il étudiait alors les nombreuses associations biochimiques de la schizophrénie. En 1966, il nota que la schizophrénie se présentait beaucoup plus souvent que par pur hasard chez les enfants et les adultes souffrant de la maladie cœliaque. Il observa aussi que le gluten pouvait induire des troubles de comportement communs chez les enfants et adultes cœliaques, et que cette agitation diminuait à l'introduction d'une diète sans gluten. Il ajouta que, souvent, durant des périodes de stress psychique ou d'infection aiguë, la sévérité des symptômes de la maladie cœliaque augmentait. Dans certains cas, cela était accompagné d'une augmentation de la sévérité des symptômes schizophréniques.

Le Dr Dohan a suggéré que chez les individus intolérants au gluten, cette protéine pouvait pénétrer le cerveau et affecter les récepteurs sensoriels. Les peptides de la gliadine étaient probablement les substances qui allaient de l'intestin jusqu'au cerveau. C'est après plusieurs années de recherches supplémentaires qu'il énonça : « Qu'une évidence considérable indique que la cause majeure de la schizophrénie est une incapacité congénitale de procéder à la digestion de certaines protéines alimentaires, surtout le gluten contenu dans les grains... »[17]

Le Dr Dohan recommande une abstinence complète des grains contenant du gluten ainsi que des produits laitiers, qui semblent avoir sensiblement le même effet, pour une période de six mois à un an. Il est possible d'attendre des semaines, voire des mois avant de constater des résultats positifs. La réintroduction de ces grains et des produits laitiers provoque habituellement une rechute vers les symptômes schizophréniques au bout de quelques mois, quelques semaines, parfois même seulement quelques heures. Il est alors important de maintenir le régime sans gluten de façon stricte et irrévocable.

Un autre cas intéressant, venu d'Italie, est celui d'un patient de 33 ans avec un diagnostic de schizophrénie, mais examiné cette fois pour une diarrhée sévère et une perte de poids. La biopsie du jéjunum a révélé une atrophie des villosités et la présence d'anticorps anti-endomysium dans le sang. Une diète exempte de gluten a été instaurée, entraînant une disparition des symptômes psychiatriques et une normalisation de l'intestin. C'était la première fois qu'un trouble du cerveau frontal gauche révélé par tomographie disparaissait avec un régime sans gluten.[18]

Il apparaît donc que chez des individus avec une certaine prédisposition génétique, le gluten est capable de produire des changements schizoïdes dans la personnalité. Quoi qu'il en soit, il ne faut pas insinuer que le gluten cause la schizophrénie, mais l'espoir d'un retour au calme pour la personne ainsi diagnostiquée ne vaut-il pas l'essai de la diète sans gluten ?

◆ Sclérose en plaques

La sclérose en plaques est une maladie neurologique débilitante qui affecte la coordination, la vision et le langage. Elle peut apparaître subitement et progresser rapidement. Cette perturbation progressive du système nerveux survient habituellement entre 20 et 40 ans, et exceptionnellement après 50 ans. Les femmes en sont atteintes un peu plus souvent que les hommes. La destruction de la gaine de myéline qui entoure les nerfs dans le cerveau et dans la moelle épinière provoque les symptômes de la maladie. Les causes sont encore obscures, bien qu'on mentionne les facteurs héréditaires, l'infection virale ou bactériologique, la composante auto-immune et les facteurs alimentaires.

De nombreuses études suggèrent la nutrition comme facteur très important. Plusieurs personnes affligées semblent voir leur condition s'améliorer en respectant une diète faible en gras saturés qu'elles supplémentent avec des acides gras essentiels. Il est probable que plus d'un facteur alimentaire entrent en jeu. Les chercheurs ont aussi démontré que les symptômes diminuent lorsqu'on détermine et élimine des aliments allergènes.

Le Dr R. Shatin de Melbourne, en Australie, a suggéré qu'une susceptibilité héréditaire à la sclérose en plaques provienne d'une lésion primaire au petit intestin causant une intolérance au gluten, et que la démyélinisation de la couche autour des nerfs soit secondaire à cette première lésion. Il remarque une incidence plus élevée de la maladie au Canada, en Écosse et en Irlande, où l'on consomme surtout du blé dur canadien, celui qui a la plus haute teneur en gluten de tous les blés. Il remarque que les indigènes africains qui préfèrent le millet, un grain sans gluten, connaissent une incidence de sclérose en plaques peu élevée.[14]

De nombreuses personnes croient fermement que leurs symptômes diminuent et sont même contrôlés par une diète sans gluten et sans produits laitiers. Un nom qui revient souvent à ce sujet est celui de Roger MacDougall, diagnostiqué comme souffrant de la sclérose en plaques en 1953, à Londres, par un neurologue de grande renommée. En quelques années seulement, MacDougall était incapable d'utiliser ses jambes, ses doigts et ses yeux. Même sa voix était affectée, et il ne pouvait se tenir debout plus de quelques secondes. C'est en éliminant le gluten, les produits laitiers, le gras animal et le sucre de sa diète qu'il put recouvrer la santé. Il retrouva sa vision et reprit une vie normale, arrivant même à monter les escaliers en courant. C'est 20 ans plus tard que d'autres tests faits aux États-Unis par un neurologue confirmèrent sans doute possible la présence de la sclérose en plaques. Pourtant, MacDougall a profité pleinement du reste de sa vie jusqu'à sa mort, moment où, octogénaire, il vivait toujours sans symptômes.

Encore une fois, l'importance de la diète et du dépistage des intolérances alimentaires est soulignée. L'intolérance au gluten peut être sournoise et difficile à déceler, surtout chez les gens aux symptômes atypiques de la maladie cœliaque. C'est souvent en s'éduquant soi-même, en posant des questions à l'entourage médical qu'une nouvelle piste à suivre peut apparaître à l'horizon.

◆ Syndrome de Down ou trisomie

Le syndrome de Down est une maladie congénitale due à la présence d'un chromosome surnuméraire sur la 21e paire de chromosomes. Elle est caractérisée par un handicap mental allant de modéré à grave, un retard de croissance, un faciès particulier, une langue volumineuse, des mains et des pieds courts et larges, des malformations viscérales, des troubles métaboliques ainsi que des déficits immunitaires.

Des recherches récentes indiquent que les enfants atteints du syndrome de Down courent un risque plus élevé de souffrir de la maladie cœliaque. Sans que la raison en soit claire, on pense que ces enfants sont plus à risque de souffrir de maladies auto-immunes, dont fait partie la maladie cœliaque. Des études menées en Europe indiquent que le pourcentage d'enfants trisomiques aussi atteints de la maladie cœliaque est de 7 % à 16 %.

Une recherche faite par la D^re Susan L. Neuhausen et ses associés à l'école de médecine de l'Université du Utah, à Salt Lake City, a étudié 97 trisomiques âgés de 2 à 18 ans. Dix des enfants ont été diagnostiqués comme souffrant de la maladie cœliaque. Selon des tests génétiques effectués sur ces enfants, leur prédisposition à la maladie cœliaque était la même que dans la population générale. Cela mène les chercheurs à croire qu'un gène du chromosome 21 serait impliqué dans la pathogénie de la maladie cœliaque. Le seul symptôme apparent chez ces enfants était le ballonnement. Les chercheurs en concluent que les enfants atteints du syndrome de Down devraient être évalués pour la maladie cœliaque, parce qu'il y a une incidence de 10 % de cette maladie auto-immune dans la population trisomique.[19]

Au fur et à mesure qu'avancent les recherches sur les maladies auto-immunes, on constate l'immensité du chemin encore à faire pour arriver à comprendre cette machine extraordinaire qu'est le corps humain. Chose certaine, la nutrition occupe une place de premier choix dans la prévention et la guérison des maladies. On voit maintenant une corrélation entre les allergies alimentaires et des conditions de santé telles que la fibromyalgie et la fatigue chronique. Puisque les gens affligés de ces conditions souffrent souvent de symptômes semblables à ceux de la maladie cœliaque, on peut s'interroger sur l'existence d'une relation potentielle entre elles. Seules les découvertes à venir sauront faire la lumière sur la question.

Chapitre 5

L'alimentation

Il va sans dire qu'on ne peut pas vivre sans manger, pourtant, dans notre monde moderne, l'alimentation est apte à devenir un obstacle important à la santé optimale. Alors que les animaux possèdent l'instinct nécessaire pour faire le meilleur choix de leur nourriture, l'être humain, avec ce qu'on appelle la modernisation, a perdu cet instinct. Fini les jours où l'homme se nourrissait au gré des saisons, ce qui l'obligeait à une saine rotation des aliments! Maintenant que tout est permis et disponible en tout temps, voici qu'apparaissent de plus en plus de maladies dégénératives, nous forçant à revoir ce style de vie grandissime.

L'ajout de pesticides à nos récoltes, de colorants, d'additifs alimentaires de toutes sortes n'est pas sans avoir des conséquences inquiétantes sur notre état de santé. Nul ne peut prévoir l'effet à long terme de ces produits sur le corps humain, sans compter que leur présence quotidienne dans notre alimentation peut causer une accumulation potentielle dans l'organisme.

L'apparition plus fréquente d'intolérances et d'allergies alimentaires ne serait-elle pas liée à ce que contiennent réellement nos aliments ? La nourriture consommée à un repas peut provoquer la mort de milliers de cellules immunitaires dans les heures qui suivent, se soldant par une baisse de vitalité et de vigilance du système immunitaire. Avec ce regard simplifié de la situation, il est facile d'imaginer les conséquences qui s'ensuivent, la dégénérescence de notre armée immunitaire et l'arrivée de plus en plus remarquable de conditions toutes plus compliquées les unes que les autres, en particulier les maladies auto-immunes.

Le régime sans gluten est la seule solution connue à la maladie cœliaque. Ce qui semble si simple devient un cauchemar pour bien des gens. Fort heureusement, les groupes d'entraide se multiplient, procurant du soutien tant diététique que moral aux gens intolérants au gluten. Voyons de plus près les aliments permis et non permis, ainsi que les nombreuses cachettes de cette fameuse protéine.

Les grains nocifs

Les grains qui posent un problème à l'intolérant au gluten sont énumérés au deuxième chapitre. Bien qu'à première vue il semble facile d'éliminer quelques céréales de notre diète, lorsqu'on examine les listes d'aliments de plus près, on en conclut qu'on vit dans un monde composé uniquement de gluten. Il n'est pas rare que les personnes nouvellement diagnostiquées paniquent à la simple perspective de faire leur épicerie. La situation est absolument pénible quand la victime est un enfant. Aucun parent bien intentionné ne voudrait empoisonner son enfant, pourtant le gluten réagit exactement comme un poison dans le corps d'un cœliaque. À force de recherches et de lectures, le monde glutineux sera un jour tout à fait démystifié.

A priori, les grains contenant du gluten sont le blé, le seigle, l'avoine et l'orge. Comme rien ne pourrait être aussi simple, on y ajoute leurs dérivés, soit le triticale, qui est un hybride du seigle et du blé, ainsi que des parents proches du blé, le kamut et l'épeautre. Ceux-ci sont des variétés de blé qui, bien que délicieuses et nutritives, contiennent la protéine toxique, donc portent le sceau de l'interdit pour le malade cœliaque.

Certains pour qui les symptômes intestinaux sont moins agressifs, et qui ont peut-être moins subi de dommages aux villosités intestinales, leur permettant ainsi une certaine assimilation du gluten, ajoutent l'épeautre à leur régime. Comme ce grain est très digestible, ils n'éprouvent aucun symptôme immédiat. Ce scénario s'observe aussi chez la personne ayant suivi une diète sans gluten jusqu'à devenir asymptomatique avec le temps. Même si les symptômes se font attendre, le dommage à la paroi intérieure de l'intestin et au système immunitaire fait son chemin. Les recherches ont déterminé sans équivoque que le kamut et l'épeautre contiennent du gluten et sont nuisibles au bien-être de l'individu intolérant. Bien qu'il soit agréable de penser qu'on a déjoué la maladie, le risque à long terme est trop grand.

Un régime sans gluten exclut tous les aliments contenant un ou plusieurs des grains énumérés plus hauts, ainsi que leurs dérivés :

> ➤ les céréales faites de ces grains ;

> ➤ les aliments et les boissons préparés à partir de ces céréales ;

> ➤ les aliments cuisinés avec ces grains ;

> ➤ les aliments transformés qui contiennent du gluten sous ses nombreuses appellations ;

> ➤ les aliments qui contiennent du gluten mais sous des formes plus difficiles à déceler. La liste qui suit n'est qu'une liste partielle de ces aliments suspects :

> - *la plupart des produits de boulangerie, même préparés avec des farines permises, par risque de contamination par le gluten (pains, brioches, croissants, crêpes, bretzels...);*

> - *les pâtisseries (gâteaux, tartes, beignets, feuilletés...);*

> - *les pâtes alimentaires (spaghetti, macaroni, lasagne...);*

> - *la plupart des céréales à déjeuner (All Bran, gruau d'avoine...);*

> - *la plupart des céréales pour nourrissons;*

- *la plupart des craquelins
  (biscuits soda, Ritz, Bretons...);*
- *les bières, les cafés de céréales, le Postum, etc.;*
- *le seitan (aliment végétarien);*
- *les viandes, poissons, oignons
  ou tous aliments panés ou enrobés;*
- *les pains de viande ou de poisson, contenant
  souvent de la chapelure;*
- *les sauces, les soupes et les desserts
  liés avec de la farine de blé
  (béchamel, crème de champignon ou autre...);*
- *les produits de charcuterie, le pâté de foie gras,
  les cretons, les saucisses;*
- *les sauces de toutes sortes,
  incluant la sauce soya et tamari;*
- *plusieurs conserves, même les boîtes
  ou sachets de soupe;*
- *plusieurs mélanges d'herbes, d'épices
  ou certains assaisonnements – certaines marques
  de poivre moulu, de sucre à glacer, de ketchup,
  de mayonnaise, de café instantané, de margarine;*
- *certaines marques de crème glacée et de yogourt;*
- *l'hostie de la communion.*

Pour éviter complètement le gluten, il faut devenir détective en plus d'apprendre un autre langage, car souvent les étiquettes des aliments semblent rédigées dans une autre langue. Plusieurs mots ou expressions indiquent la présence de gluten. On verra souvent inscrite sur une étiquette la mention « sans blé ». Il est important de savoir que « sans blé » ne signifie aucunement « sans gluten ». Si le produit a été fabriqué dans un environnement glutineux sans prendre de précaution spécifique, il peut être contaminé, ou encore un de ses ingrédients peut être désigné par un mot signifiant un dérivé du blé. Il est possible qu'un ingrédient cité ne soit pas fabriqué à partir de grains offensifs ; des ingrédients jugés inoffensifs mais en réalité néfastes peuvent être inclus dans le produit, car les formules des aliments changent constamment. Voici une liste générale d'ingrédients à éviter, extraite en partie de « Forbidden List », courtoisie du site : www.celiac.com

---

Ingrédients contenant du gluten (à éviter)

Acide citrique	Glutamate de sodium (MSG)*****
Agent de remplissage	Gluten de blé
Agent liant	Gomme végétale
Amidon******	Kamut
Amidon alimentaire modifié	Malt
Amidon de blé**	Miso*****
Amidon modifié	Mono- et diglycérides****
Antiagglomérant (figues)	Nouilles soba (de sarrasin)*****
Arôme de malt	Orge et orge perlé
Avoine	Poudre de moutarde*****

Bicarbonate de soude (soda)*****	Protéines de plantes hydrolysées (HPP)
Bière	Protéines végétales hydrolysées (HVP)
Bulghur	Sauce soya*****
Caramel (peut contenir blé)	Saveur dans les viandes
Caséinate de calcium*	Saveur de malt
Caséine de sodium*	Seigle
Couscous	Semoule
Cubes de bouillon*****	Sirop de malt
Dextrine***	Sirop de riz brun (souvent fait d'orge)
Épeautre	Son
Extrait de malt (orge)	Son d'avoine
Farine brune	Sucre en poudre
Farine de blé dur (durum)	Taboulé
Farine de Graham	Triticale
Fécule de blé	Vinaigre de malt

* Peut contenir du glutamate de sodium.

** La plupart des organisations de la maladie cœliaque du Canada et des États-Unis n'acceptent pas l'amidon de blé dans la diète sans gluten pour les cœliaques. Par contre, en Europe, où l'amidon de blé est d'une qualité supérieure à celui d'Amérique du Nord, il est accepté par la plupart des docteurs et des associations.

*** La dextrine est un amidon partiellement hydrolysé. Elle peut provenir du maïs, de la pomme de terre, du riz, du tapioca (manioc), du BLÉ ou autre.

**** L'agent liant peut être du maïs ou du blé – à vérifier avec le manufacturier.

***** Peut utiliser un grain contenant du gluten ou un de ses sous-produits dans le processus manufacturier ou comme ingrédient.

****** Dans les produits manufacturés aux États-Unis, le mot « *starch* » ou « amidon », signifie toujours « amidon de maïs ». Ceci n'est pas toujours vrai pour les autres pays.

Le blé représente 80 % de notre consommation de grains. Présentement, on évalue à 74 kg (163 lb) de blé par personne la quantité utilisée par les manufacturiers de produits alimentaires annuellement. Cela représente une augmentation impressionnante comparativement à 62 kg (137 lb) par personne en 1972. Les grains envahissent indirectement l'alimentation humaine en passant par la nourriture des animaux. Le bétail et la volaille voient maintenant des grains ajoutés à leurs rations de nourriture, coutume entreprise lorsque le prix des grains était peu élevé, et qui a persisté lorsqu'on s'est rendu compte que ce régime permettait aux animaux d'engraisser plus vite, donc de se rendre au marché plus rapidement, haussant du même coup les profits.

Un champ d'inquiétude moins exploré est l'effet possible de la consommation de viande provenant d'animaux nourris aux grains par les humains intolérants au gluten.

L'importance de nous informer et d'éduquer notre entourage au sujet du problème des personnes atteintes de la maladie cœliaque se fait pressante.

La controverse de l'avoine

La toxicité de l'avoine dans le cours de la maladie cœliaque avait été déterminée dans les années 1950, en même temps que celle du blé, de l'orge et du seigle. Ce n'est qu'en 1995 que cette hypothèse a été remise en cause. Il semblerait que l'avoine soit plus proche génétiquement du maïs et du riz, qui sont permis aux cœliaques, que du blé. Le problème de l'avoine serait qu'il est souvent contaminé par la rotation des cultures dans les champs, où l'on alterne avoine et blé, et par l'utilisation du même matériel de récolte et de stockage. Même minime, le risque de contamination semble exister.

La plupart des associations excluent encore l'avoine de la diète sans gluten. Bien que discutée au chapitre 2, il semble pertinent de revenir à la question brièvement. Plusieurs études ont démontré que l'ajout de l'avoine est approprié dans un régime sans gluten. Une recherche récente faite sur une période de cinq ans par le Dr Matti Uusitupa et son équipe à l'Université de Kuopio, en Finlande, étudiait les effets d'une quantité modérée d'avoine dans la diète des cœliaques au régime exempt de tout autre gluten. Dans une première recherche, aucun effet néfaste ne fut remarqué après l'ingestion d'avoine sur une période d'un an par ses patients cœliaques. Le chercheur a vérifié les symptômes, l'état nutritionnel et la santé des villosités intestinales, avant d'ajouter que même chez les cœliaques récemment diagnostiqués, la guérison des dommages à la muqueuse intestinale n'était pas retardée.

Le Dr Uusitupa poursuivit donc son étude, avec pour but de comparer les effets d'une diète sans gluten et d'une diète sans gluten qui incluait l'avoine. Il prit 92 adultes cœliaques, qu'il divisa en deux groupes : 45 personnes avaient droit à approximativement 34 g d'avoine par jour dans le contexte d'une diète sans gluten, et les 47 autres suivaient un régime sans gluten et sans avoine (groupe contrôle). Au bout de cinq ans, 23 des individus qui mangeaient encore de l'avoine au moins deux fois par semaine et 28 du groupe contrôle furent examinés. Les résultats confirmèrent que l'ingestion d'avoine n'avait causé aucun dommage à la muqueuse intestinale des adultes cœliaques. Des tests sanguins approfondis n'indiquèrent aucun effet négatif lié à l'ajout de l'avoine dans la diète.

Selon le Dr Matti Uusitupa, la présence d'anticorps chez certains clients des deux groupes provenait du fait qu'ils ne respectaient pas la diète sans gluten. Il affirme que la raison pourquoi l'avoine est tolérée par les cœliaques doit être basée sur la différence de structures des protéines de l'avoine, du blé, de l'orge et du seigle. La portion toxique du gluten est la gliadine, qui demeure toxique même après le processus de la digestion. Le chercheur croit qu'il est possible que la séquence spécifique d'acides aminés trouvée dans la gliadine du blé soit absente de l'avoine, ce qui rendrait l'avénine de l'avoine tolérable pour les cœliaques. Les chercheurs ajoutent que d'admettre l'avoine dans le régime sans gluten pourrait aider les gens souffrant de la condition à mieux suivre leur diète, en leur allouant un choix d'aliments plus varié.[1]

De plus en plus d'études sur le débat entourant l'avoine deviennent disponibles. En résumé, bien que la toxicité de l'avoine soit infirmée depuis 1995 par de nombreuses recherches, la plupart des cœliaques l'évitent encore, étant fortement dissuadés par l'ambivalence qui entoure cette céréale.

Les grains germés

Bien que la germination des grains en augmente la digestibilité et la valeur nutritive, le blé germé contient toujours du gluten. La germination active le processus enzymatique qui commence à réduire le gluten du blé en acides aminés. Ce processus n'est généralement pas assez complet pour assurer d'une absence de tout gluten dans les germinations. Il faut donc exclure les grains interdits, même germés, de notre alimentation. Cela n'empêche aucunement d'y ajouter les grains permis. Le sarrasin germé ajouté à une salade éveille les papilles gustatives par sa couleur, et que dire de sa valeur nutritive. On peut aussi faire germer le tournesol, la luzerne, le fenugrec, les lentilles et le radis. Ne laissez pas cette occasion de faire le plein énergétique vous filer entre les doigts.

Lire les étiquettes

Ayant pris connaissance de la liste des aliments et d'ingrédients interdits dans la diète sans gluten, parcourons maintenant une liste des additifs permis. Comme les additifs sont souvent affublés de noms bien étranges, il est réconfortant de savoir lesquels ne contiennent pas de gluten. Il est à noter que certains additifs présentent des risques considérables pour la santé. La liste suivante ne donne aucunement la bénédiction d'utiliser plus d'additifs : elle éclaire uniquement le choix diététique sans gluten. La décision de protéger sa santé par son choix alimentaire appartient à chaque individu et tient de son libre arbitre. Il est impossible de dresser une liste complète d'additifs sans gluten car il en existe beaucoup, et les formules changent sans préavis. De plus, de nouveaux s'ajoutent régulièrement. Cette liste est une traduction de « Safe and Forbidden Ingredients and Additives », gracieuseté du site : www.celiac.com

Additifs alimentaires permis (sans gluten)	
Acide adipique	Glycérides
Acide ascorbique	Glycérol mono-oléate
Acide benzoïque	Glycol
Acide caprylique	Glycol polyéthylénique
Alcool cétylique ou palmitique	Gomme adragante
Acide citrique**	Gomme arabique
Acide folique ou folacine	Gomme de caroube

Acide fumarique

Acide glutamique

Acide glycolique

Acide lactique

Acide malique

Acide pyrophosphate de sodium

Acide sorbique

Acide stéarique

Acide tartrique

Agar-agar

Alcool oléylique (ou huile)

Algine

Alginate

Allicine

Aluminium

Anhydride sulfureux

Ascorbate de sodium

Aspartame*

Aspic

BHA

BHT

Baume du Pérou

Baume de Tolu

Gomme de guar

Gomme de xanthane

Gomme d'ester

Graine d'annatto
(colorant)

Hexamétaphosphate de sodium

Huile de coton

Huile de ricin

Huile minérale

Hydroxyde de magnésium

Iode

Iodure de potassium

Kératine

L cystéine

Lactose

Lactosérum ou petit-lait

Lanoline

Laurylsulfate de sodium

Lécithine

Lécithine de soya

Lipase

Maltitol

Mannitol*

Monostéarate de propylèneglycol

Benzoate de sodium	Musc naturel
Bêta-carotène	Niacine – niacinamide
Biotine	Nitrate de sodium
Camphre	Palmitate de vitamine A
Carbonate de calcium	Paraffine
Carbonate de magnésium	Pepsine
Carboxyméthylcellulose	Phénylalanine
Carraghénine	Phosphate de calcium
Caséine	Phosphate monopotassique
Cellulose carboxyméthylique	Phosphate tricalcique
Cellulose microcristalline	Polyglycérol
Chanvre	Polysorbates
Chlorelle	Polysorbate 60 ; 80
Chlorhydrate de pyridoxine	Propolis
Chlorhydrate de thiamine/ vitamine B_1	Présure
Chlorure de calcium	Protéine de soya hydrolysée
Cire de carnauba	Rennine ou chymosine
Citrate de potassium	Résine ou poix de résine
Citrate de sodium	Réticuline
Collagène	Sels minéraux
Composé de butyle	Silicate de calcium
Cortisone	Silaco aluminate sodique
Dextrine de maltose	Solide de sirop de maïs

Dextrose	Sorbitol*
Dioctylsulfosuccinate de sodium	Sphingolipides
Dioxide ou peroxyde d'hydrogène	Stannate de sodium
Édulcorant à base de maïs	Stéaramide
Élastine	Stéaramine
Érythrobate de sodium	Stéarate de calcium
Farine de caroube	Stéarates
Formaldéhyde	Sucre inverti
Fructose	Sucrose
Gallate de propyle	Suif
Gel de paraffine ou pétrolatum	Sulfites
Gélatine	Sulfosuccinate
Gelée royale	TBHQ ou Tributylhydroquinone
Glutamate de sodium (MSG)	Tyrosine
Glutamine (acide aminé)	Vanilline

---

* Peut causer des symptômes de l'intestin irritable.

** Tout acide citrique produit aux États-Unis provient du maïs. Quand il a d'autres provenances, l'acide citrique peut être fait à partir de maïs, de dextrose, de sucre de canne ou de BLÉ.

Les grains permis

Maintenant que notre connaissance des grains glu-tineux est à jour, il est temps de cheminer d'un ton plus positif vers les grains permis. En l'absence du blé, on pourrait croire qu'il ne reste plus ni grains, ni céréales, ni farines acceptables dans les placards de notre cuisine. Pourtant, avec un peu de patience et d'imagination, un monde de saveurs et de textures nouvelles nous attend. Il nous est difficile de concevoir qu'ailleurs dans le monde le blé ne soit pas perçu comme le seul et unique grain disponible.

Pour la population cœliaque, les féculents et les grains suivants sont permis. Il est à noter que même si ces substituts ne contiennent pas de gluten, certaines personnes peuvent réagir négativement à leur ingestion tout comme à tout autre aliment. Il s'agit d'ajouter à l'alimentation un nouvel ingrédient à la fois, puis d'en évaluer les effets. Dans le doute, on le retire pour quelques mois, et on répète l'expérience à un autre moment.

➤ riz

➤ maïs

➤ soya

➤ pomme de terre

➤ sarrasin

➤ quinoa

➤ millet

➤ amarante

➤ teff

➤ arrow-root

➤ sorgho

➤ manioc (tapioca)

➤ herbe de job

➤ ragi

➤ sagou

➤ farine de noix

Dans notre monde à haute vitesse, où l'envie de cuisiner des nouveautés demeure l'apanage d'un petit pourcentage de gens seulement, l'idée d'apprendre à connaître et à utiliser ces grains aux noms inusités dérange la routine. Pourtant, on sait que l'appétit vient en mangeant. Lorsqu'on apprend à apprivoiser ces « anciens » féculents, les papilles gustatives réapprennent à accepter de nouvelles saveurs, fortement différentes de celle du blé. Bien entendu, la maîtrise de la technique de cuisson de chacun peut demander un peu d'initiative, de patience et de ténacité, mais comme toute expérience qui en vaut la peine, l'accomplissement de plats succulents et variés récompense largement.

L'amarante a un nom qui provient du mot grec signifiant « immortel ». Il semble que la culture aztèque a survécu pendant des siècles grâce à l'amarante. C'est en 1521 que Cortez, conquérant espagnol, envahit l'empire aztèque du Mexique et bannit l'utilisation de l'amarante. Le grain disparut presque complètement. Même s'il n'était plus cultivé, le grain réussit à survivre plus de quatre siècles et demi à l'état sauvage en Amérique du Sud, en Amérique centrale et au Mexique. C'est en 1972 qu'il fut redécouvert dans ce pays par un groupe de chercheurs en botanique. Ils le ramenèrent en Pennsylvanie, au Centre de recherche de Rodale, et essayèrent de le faire pousser. Ce fut un succès. L'amarante était de retour.

L'amarante contient plus de fer que la plupart des grains. D'ailleurs, les historiens présument que c'est pour cette raison que les Aztèques ont survécu à une année de sécheresse sans mourir de faim. Le grain contient assez de nutriments pour assurer la survie, sauf de la vitamine C. Comme ils mangeaient aussi les feuilles de la plante qui, elles, en contenaient suffisamment, les Aztèques résistèrent à la famine. L'amarante contient plus de protéines que tout autre grain (de 16 à 20 %), et elle est riche en lysine, un acide aminé essentiel dont la plupart des grains sont déficients. Sa protéine est plus complète que celle du lait ou de la fève de soya. L'amarante est aussi une excellente source de fibres, en plus de contenir du calcium et d'autres minéraux. Ses propriétés nutritives en font un aliment de choix pour les végétariens et pour les cœliaques.

Préparation : Pour une céréale chaude au goût de noix, cuire 250 ml (1 tasse) de grains d'amarante dans 2 1/2 à 3 fois son volume d'eau, à feu doux, de 15 à 20 minutes environ. Pour une texture comme celle du riz, mettre 2 fois plus d'eau que de grains. L'amarante s'utilise aussi comme farine dans des recettes. Il est conseillé de la conserver au réfrigérateur pour éviter son rancissement.

Le maïs est une céréale originaire d'Amérique, probablement du Mexique ou de l'Amérique centrale. Il constituait depuis les temps reculés la base de l'alimentation des civilisations précolombiennes sur presque tout le continent. Les mythes mayas, aztèques et incas y font référence ; le maïs faisait partie des cérémonies religieuses, servait de monnaie d'échange, et on utilisait ses soies comme du tabac. Du Mexique au nord de l'Amérique, on connaissait la bouillie de maïs sucrée de miel ou additionnée de légumes, de viande ou de poisson. Le maïs demeure toujours très populaire. On le surnomme « blé d'Inde », nom qui se rapporte possiblement au fait qu'on crut découvrir les Indes en abordant le nouveau continent.

Le maïs cuit est une bonne source d'acide folique, de potassium et de thiamine. Il contient aussi du magnésium, de l'acide pantothénique, de la vitamine C, de la vitamine A, du phosphore, de la niacine, du zinc et de la riboflavine, en plus d'être une source élevée de fibres. Il est déficient en lysine et en tryptophane, deux acides aminés importants. On retrouve le maïs sous différentes formes, dont la semoule de maïs jaune à grains entiers, la semoule de maïs jaune dégermée, la farine de maïs, le son de maïs et la crème de maïs. On en fait d'excellentes pâtes alimentaires. Le maïs transformé est utilisé comme ajout aux aliments : amidon de maïs, sirop de maïs, dextrose, fructose, glucose.

Bien que le maïs soit accepté dans un régime sans gluten, il reste un aliment très allergène pour bien des individus. Il est irritant pour certains systèmes digestifs déjà fragiles. Pour les cœliaques ayant des symptômes intestinaux graves, il est préférable d'attendre que l'intestin soit plus en forme avant d'introduire le maïs dans la diète. Cela évitera l'impression d'être intolérant au maïs alors que le corps est seulement trop malmené pour bien le digérer à ce moment précis. La farine de maïs est plus douce pour le système digestif que le maïs en grains, qui est très fibreux. Lorsqu'il est bien toléré, le maïs est un aliment peu coûteux et facile à préparer, donc un atout intéressant pour les cœliaques.

Le millet est souvent utilisé en Amérique du Nord comme grain pour les mangeoires d'oiseaux. Pourtant, des millions de personnes en Asie, en Afrique et en Europe en mangent quotidiennement. On cultive le millet depuis des siècles en Chine, en Russie, en Inde, en Europe, et plus récemment en Amérique du Nord. Le grain de millet a la forme d'une minuscule bille jaune d'environ un millimètre de diamètre. Une couleur jaune doré est signe d'un grain de bonne qualité.

Le millet a une haute teneur en protéines, en plus de contenir des quantités intéressantes de calcium, de fer, de phosphore, de magnésium, de manganèse, de potassium, de silicium et de vitamines B, dont la niacine. Un autre aspect important du millet est sa nature alcaline, qui aide à garder l'équilibre en acidité du système, souvent en cause dans les cas de maladies. La plupart des grains étant légèrement acidifiants, la réaction alcalinisante du millet contribue à une meilleure digestion. Il cause rarement une réaction allergique et n'est pas irritant pour l'estomac nerveux ni pour le système digestif plus délicat. On considère que le millet favorise la reconstitution de la flore intestinale et qu'il élimine la constipation.

Le millet peut être apprêté de différentes façons, soit comme céréale chaude au déjeuner, comme grains à servir avec des légumes au lieu du riz, comme ajout dans des recettes de crêpes ou de muffins, ou même comme lait de millet. On peut aussi l'ajouter à la soupe.

Préparation : Il faut toujours commencer par bien laver le millet deux ou trois fois. Il doit cuire de 40 à 50 minutes si on s'en sert comme grain, en proportion de 250 ml (1 tasse) de millet pour 625 ml (2 1/2 tasses) d'eau, à feu doux et à couvert. Il est cuit lorsqu'il est léger et gonflé sans coller ensemble. Pour le consommer comme céréale, il doit cuire plus longtemps, soit de 50 à 60 minutes, en utilisant de 750 à 1 000 ml (3 à 4 tasses) d'eau pour 250 ml (1 tasse) de millet. On peut ajouter des dattes ou des abricots séchés à la fin de la cuisson. Une tasse de grains entiers donne environ 4 portions. Le lait de millet se prépare en mélangeant 250 ml (1 tasse) de millet cuit avec 250 ml (1 tasse) d'eau ou de lait de soya. On peut ajouter un peu de vanille et de sirop d'érable. On n'a qu'à le brasser de nouveau avant de l'utiliser dans les céréales ou pour la cuisson. Certaines personnes le font cuire la nuit dans une mijoteuse pour qu'il soit prêt à leur réveil.

Le quinoa est considéré comme un supergrain, tant pour sa richesse nutritive que pour sa facilité de culture. Durant des siècles, il a constitué la nourriture de base des Incas, qui savaient reconnaître ses bienfaits sur la santé. Ils encourageaient les femmes enceintes ou qui allaitaient à manger plus de quinoa. Ils le nommaient « mère » ou « grain mère ». Le quinoa est maintenant cultivé au Canada.

Contrairement aux autres grains, le quinoa contient les huit acides aminés essentiels, il fournit donc une protéine complète. Il s'agit d'y ajouter des légumes pour avoir un repas équilibré et complet. Il est une excellente source de calcium, de potassium et de zinc, contenant aussi du fer, du magnésium et des vitamines B, ainsi que des acides gras essentiels. Il contient 16 % de protéines, comparativement au riz qui en a 7,5 % et au blé avec 14 %. Il contient aussi un taux élevé d'acide oxalique ressemblant à celui des épinards. Ces oxalates peuvent causer des désagréments chez des personnes sensibles comme certains arthritiques, mais il semble qu'en général, utilisé avec modération, le quinoa soit très bien toléré.

Préparation : Le grain de quinoa est doté d'un revêtement de saponine au goût amer, il est donc important de bien laver les grains en les frottant entre les doigts et de les rincer plusieurs fois jusqu'à ce que l'eau ne savonne plus. Les agronomes croient que cet enduit pourrait servir de protection contre la maladie, aidant l'espèce à survivre. La saponine n'est aucunement toxique, seulement très amère au goût. Pour cette raison, il n'est pas possible de moudre votre propre farine. En industrie, un système de ceintures agissant comme du papier émeri frotte les grains de quinoa pour les débarrasser de la saponine avant de les transformer en farine.

En gardant toujours en mémoire les portions (une tasse de grains pour 4 portions cuites), on peut préparer une excellente céréale, avec 250 ml (1 tasse) de quinoa pour 625 à 875 ml (2 1/2 à 3 1/2 tasses) d'eau. Faire bouillir puis mijoter à feu doux, à couvert, de 15 à 30 minutes. Pour le servir comme grain, on mesure 500 à 750 ml

(2 à 3 tasses) d'eau pour 250 ml (1 tasse) de quinoa et on le cuit jusqu'à ce qu'il soit tendre, ce qui prend environ 15 à 25 minutes. On peut ajouter des légumes pendant la cuisson ou par la suite.

Le riz brun est la céréale la plus consommée dans le monde, après le blé. Pour près de la moitié de la population mondiale, elle constitue environ 50 % des calories de l'alimentation. Le riz demeure la principale céréale cultivée en Asie. Environ 94 % de la production mondiale est concentrée en Orient. La Chine, l'Inde, l'Indonésie, le Bangladesh et la Thaïlande sont parmi les grands pays producteurs de riz au monde, même si des pays d'autres continents sont maintenant devenus d'importants producteurs. La culture du riz se fait de préférence dans les climats tropicaux.

On compte jusqu'à 8 000 variétés de riz. Comme le grain est recouvert d'une enveloppe dure et non comestible, il doit être décortiqué pour la consommation humaine. Le riz brun à grain court, moyen ou long est le grain entier extrait de son enveloppe, avec le reste du grain intact, c'est-à-dire contenant toujours le son et le germe. Il est facile à digérer tout en fournissant une proportion de protéines équivalente à celle du fromage, et légèrement plus élevée que celle de la viande rouge. Le riz est une bonne source de magnésium. Il contient aussi de la vitamine B_6, de la niacine, de la thiamine, du phosphore, du zinc et du cuivre, ainsi que des traces d'acide pantothénique et de potassium. Le riz blanc est décortiqué et poli, perdant ainsi une grande partie de ses éléments nutritifs. Dans certains pays, on y ajoute même du fer, de la niacine et de la thiamine pour l'enrichir.

Le riz sauvage mérite d'être mentionné, si ce n'est que pour son goût à riche saveur de noix. Il est coûteux, mais tellement délicieux. On peut en ajouter une poignée au riz brun pour en rehausser le parfum et l'apparence. Il suffit de le faire tremper une heure ou deux avant pour le ramollir ou encore de le faire bouillir 10 minutes, de jeter son eau de cuisson puis de le rajouter à la cuisson du riz brun. Cette source d'hydrates de carbone complexes facilement assimilables a une haute teneur en protéines et en vitamines.

Préparation : Il suffit de laver le riz jusqu'à ce que l'eau soit claire. Utiliser 250 ml (1 tasse) de riz pour 500 à 625 ml (2 à 2 1/2 tasses) d'eau, amener à ébullition sur feu moyen puis laisser mijoter avec un couvercle à feu doux, pendant 45 minutes pour le riz brun, moins longtemps pour le riz blanc. On peut ajouter un bouillon de légumes à l'eau pour une saveur différente ou encore des légumes coupés en dés ou des herbes pour les dernières 15 à 20 minutes de cuisson. Ne pas remuer durant la cuisson, cela rendrait les grains collants.

Le sarrasin, longtemps appelé « blé noir », fut cultivé par les Chinois pendant des siècles. Les marchands voyageurs l'échangeaient au cours de leurs voyages, et il fut ainsi transporté de l'Asie à l'Europe, puis vers l'Amérique. Vers le milieu du XIXe siècle, avant que la culture du blé et du maïs prenne de l'essor, le sarrasin représentait une importante récolte dans notre pays. Sa culture semble maintenant en régression dans le monde, ce qui est bien dommage. Cette céréale est de la même famille que la rhubarbe et malgré son nom anglais, buckwheat, elle n'est pas apparentée au blé. Elle ne contient aucun gluten et est acceptée dans le régime sans gluten.

Le sarrasin est riche en vitamines B, E et K, de même qu'en minéraux tels que le calcium, le magnésium, le fer, le soufre, le phosphore, le sodium, le potassium, le zinc, le manganèse et le cuivre. Le sarrasin contient presque autant de protéines que l'œuf, mais sans le cholestérol. Il a une haute teneur en rutine, un flavonoïde antioxydant intéressant. La rutine aide à fortifier les parois des vaisseaux, et est donc utile pour combattre les hémorragies, les hémorroïdes et les varices. Le sarrasin est habituellement bien toléré par les personnes sensibles au blé ou au gluten des grains. Certaines victimes ciblées de la maladie cœliaque peuvent avoir une sensibilité à sa fraction de rutine.

On peut s'en faire des céréales délicieuses, des crêpes et même des gâteaux. On le trouve aussi sous la forme de flocons de sarrasin pour le gruau, de farine ou de pâtes alimentaires. Sous sa forme entière, on trouve le kasha, un sarrasin rougeâtre, à la saveur plus corsée. Le sarrasin pâle a un goût plus doux. Cette céréale complète, hautement nutritive, mérite qu'on prenne le temps de s'y habituer.

Préparation : On utilise environ 500 ml (2 tasses) d'eau pour 250 ml (1 tasse) de grains. À l'ébullition, on laisse mijoter à feu doux, à couvert, de 20 à 30 minutes, jusqu'à tendre sans croquant, en ajoutant de l'eau au besoin. On peut combiner des oignons, des herbes ou du sel vers la fin de la cuisson (5 dernières minutes). Le kasha, sarrasin dont le grain a été rôti, se cuit de la même façon, mais avec un peu moins d'eau et en réduisant le temps de cuisson à 15 à 20 minutes.

Le soya, aussi épelé **soja**, ne fait pas partie de la famille des graminées mais de celle des légumineuses. Originaire des régions chaudes de l'Asie, il est un aliment apprécié en Extrême-Orient. La fève de soya se prépare comme les autres légumineuses, avec un temps de cuisson un peu plus long que pour certaines. Le soya est un aliment très nourrissant, à haute teneur en protéines.

Le tofu, aliment qu'on croit des temps modernes, est obtenu à partir du liquide laiteux extrait des haricots de soya. C'est un aliment prisé depuis plus de 2 000 ans en Chine. Le tofu a une consistance un peu gélatineuse, est vendu sous forme de blocs rectangulaires, disponible à différents degrés de fermeté, dépendant si on veut l'utiliser comme substitut à la viande ou dans un dessert moelleux. Comme le tofu est de saveur fade, il prend facilement le goût des aliments avec lesquels il est préparé. Deux cent cinquante grammes (8 oz) de tofu procurent 164 calories, 17,6 grammes de protéines, 292 mg de calcium (comme 250 ml/8 oz de lait), 286 mg de phosphore et autant de fer que de 4 à 5 œufs.[2] Pour conserver le tofu, le garder au réfrigérateur recouvert d'eau, dans un contenant fermé. Rincer et changer l'eau tous les jours.

Le soya est une source intéressante de protéines complètes, ainsi que d'acides gras essentiels dont l'oméga-3 ou l'acide linolénique. Il contient aussi du calcium, du fer, de potassium, des vitamines B et de la lécithine. On peut faire germer la fève de soya, ce qui augmente de plusieurs fois ses propriétés nutritives. Le soya est disponible sous forme de farine, de lait, de yogourt et de crème glacée. De même, il est l'ingrédient principal du fromage de soya, du miso, du tempeh et de la sauce tamari. On lui reconnaît des propriétés bienfaisantes pour la santé, de la prévention du cholestérol et des maladies cardiaques, à celle du cancer.

L'introduction du soya dans la diète demande les mêmes précautions que le maïs, étant donné qu'il est lui aussi un aliment potentiellement allergène. Du fromage de soya au déjeuner jusqu'au tofu dans la sauce à spaghetti au souper, il offre un éventail de choix, limité seulement par l'imagination.

Le teff est un grain ancien à saveur de noix. Génétiquement plus proche du riz et du maïs que du blé, il est maintenant accepté par l'Association diététique Américaine (ADA) comme grain sans gluten, et est inclus dans la 6e édition du Manual of Clinical Dietetics. Ce manuel est utilisé par les médecins comme guide des diètes nécessaires aux traitements de différentes maladies.

Le teff s'est promené de l'Éthiopie aux États-Unis grâce à l'aide de Wayne Carlson. Dans les années 1970, alors qu'il travaillait en Éthiopie, il constata l'importance du pain de teff pour ses habitants. Habitué à son goût, il s'ennuya de cette céréale une fois de retour chez lui. Ayant besoin d'un travail, il décida de cultiver le teff en Idaho, près de la frontière de l'Oregon. Les cinq premières années, son marché limité consistait à approvisionner les restaurants éthiopiens. L'enthousiasme des restaurateurs l'encouragea à en produire de plus en plus. Finalement, en 1988, il fit son entrée dans le marché des aliments de santé.

Le mot teff veut dire « perdu ». C'est un grain minuscule, plus petit encore que celui de l'amarante. Son contenu nutritif est fabuleux, cinq fois plus riche en fer, en calcium, et en potassium que les autres grains, avec une teneur importante en protéines et en fibres solubles et insolubles. Il en existe plusieurs variétés, bien que le brun soit le plus gros vendeur. On peut cuire les graines pour en faire une céréale ou encore utiliser la farine pour d'autres recettes.

Préparation : Bien rincer les grains, jusqu'à ce que l'eau reste claire. Pour la cuisson, utiliser 4 fois plus d'eau que de grains. Il suffit de cuire doucement de 15 à 20 minutes, à couvert, jusqu'à ce que toute l'eau soit absorbée. Retirer du feu et laisser reposer 5 autres minutes.

D'autres grains ou féculents moins connus peuvent être utiles pour agrémenter le régime sans gluten. Le **sorgho**, surnommé « gros mil », à l'opposé du millet qui est le « petit mil », est utilisé dans l'alimentation humaine sous forme de farine et de boissons. C'est un aliment végétal s'apparentant au maïs, important aux habitants des pays secs et chauds de l'Afrique et d'une grande partie de l'Inde.

Le **manioc** est originaire du Brésil et de l'Amérique centrale. On le nomme aussi arrow-root brésilien. Pendant des décennies, il a été une denrée essentielle des Indiens du Brésil. Sa racine fournit une fécule donc on tire le tapioca. On peut aussi en faire des gâteaux ou des galettes.

L'**arrow-root,** originaire des forêts humides et chaudes d'Amérique centrale et d'Amérique du Sud, est une fécule provenant de la racine de maranta. Elle est utilisée comme agent épaississant, tout comme la fécule de maïs.

Le **mil africain,** aussi connu sous les noms de ragi et d'éleusine cultivée, est une denrée alimentaire importante en Afrique orientale, en Extrême-Orient, en Inde et au Népal. Les grains sont plus petits que la plupart des autres espèces de mil, soit de 1 à 2 millimètres de diamètre.

La **larme de Job** est aussi appelée coïx ou larme du Christ, pour son grain en forme de larme. C'est une céréale secondaire surtout cultivée dans le Sud-Est asiatique.

Le **sagou** est une farine formée de grains durs, blanchâtres, translucides, extraite de la moelle du sagoutier, une sorte de palmier. Ce féculent est souvent utilisé pour épaissir les soupes, les puddings et autres desserts.

D'après un article intitulé « *How to manage common food allergies and retain your sanity* », paru dans la magazine *Health Naturally* de juin/juillet 1998, Carola Barczak, bien connue dans le domaine de la santé, proposait des substituts à la farine de blé. Pour remplacer 250 ml (1 tasse) de farine de blé, utiliser l'un des substituts suivants : 150 ml

(10 c. à soupe) de farine de pomme de terre ; 200 ml (14 c. à soupe) de farine de riz ; 125 ml (1/2 tasse) de farine de riz avec 80 ml (1/3 tasse) de farine de pomme de terre ; 250 ml (1 tasse) de farine de soya avec 125 ml (1/2 tasse) de farine de pomme de terre. Pour une farine pré-mélangée qui peut être utilisée pour n'importe quelle recette excepté le pain, mélanger 180 ml (3/4 tasse) de farine de pomme de terre, 60 ml (1/4 tasse) de farine de soya, 500 ml (2 tasses) de farine de riz et 60 ml (4 c. à soupe) chacun de poudre d'arrow-root et de farine de manioc. La combinaison de farines doit être faite soigneusement, tamisée au moins 6 fois, et cuite plus longuement à température plus basse. L'auteure recommande 10 ml (2 c. à thé) de poudre à pâte sans aluminium pour 250 ml (1 tasse) de farine. Pour épaissir une sauce, elle emploie la poudre d'arrow-root.

Les bénéfices de l'allaitement

Comme le chapitre est dédié à l'alimentation, il faut nécessairement inclure quelques mots au sujet de l'allaitement. Les bénéfices du lait maternel sur la santé de l'enfant ne sont plus à prouver. Plusieurs études ont été faites à savoir si l'allaitement du nouveau-né pouvait avoir une répercussion sur le déclenchement de la maladie cœliaque. On sait que pour développer la maladie, l'enfant doit porter le gène en question, transmis par un ou deux parents porteurs.

Une étude a conclu que les bébés nourris aux formules commerciales ou allaités moins d'un mois ont un risque quatre fois plus grand de développer les symptômes de la maladie cœliaque que les bébés allaités plus d'un mois.[3]

Dans le livre *Breastfeeding and Human Lactation* (2e édition), on mentionne plusieurs études ayant démontré que le lait artificiel et l'introduction des solides accélèrent l'apparition des symptômes de la maladie cœliaque.[4] Cela pourrait expliquer pourquoi l'incidence de cette maladie a diminué aux États-Unis depuis le retour en force de l'allaitement et du fait que l'introduction des solides se produit plus tard. En général, un enfant qui est atteint de cette maladie et qui n'a aucun antécédent familial devrait prendre du poids adéquatement et n'avoir des symptômes que lors de l'introduction des aliments solides contenant du gluten.

Une autre étude mentionne que l'allaitement prolongé pour une durée d'au moins six mois et l'introduction du gluten pas avant l'âge de cinq mois retardent considérablement les symptômes de la maladie. L'introduction du gluten devrait être faite progressivement et durant la période d'allaitement pour plus de protection. Une introduction du gluten deux mois avant le sevrage a un effet protecteur.[5]

Il est maintenant vérifié que la gliadine, la protéine du gluten, circule dans le lait maternel ; en principe elle devrait donc se retrouver dans la circulation sanguine de l'enfant, mais cet énoncé demeure hypothétique et nécessite d'autres études.

Selon le Dr Karoly Horvath, un des directeurs du Centre cœliaque de l'Université du Maryland, à Baltimore : « Le lait maternel contient des anticorps contre tous les antigènes que le système immunitaire de la mère a rencontré avant ou durant la grossesse et pour lesquels il a produit des anticorps. C'est de cette façon que le lait maternel protège l'enfant des antigènes présents dans l'environnement où la mère vit. Sans cette protection, les antigènes pourraient pénétrer le corps par les voies respiratoires ou digestives. Un bon exemple de ceci est que le lait maternel protège les bébés des bactéries causant la diarrhée dans les pays sous-développés. En bref, le lait maternel pourrait contenir tous les anticorps que la mère possède dans ses systèmes digestif et respiratoire. La fonction de ces anticorps est de bloquer l'entrée des antigènes (infection, toxines, allergènes…) aux systèmes digestif et respiratoire du bébé. »

Toujours selon le Dr Horvath, cela veut dire que dans le cas de la maladie cœliaque, si la mère cœliaque a des anticorps à la gliadine en circulation, donc qu'elle a ingéré du gluten par mégarde, ces anticorps seront présents dans son lait. Si le nourrisson ingère la gliadine contenue dans le lait maternel, les anticorps présents dans le lait vont bloquer la gliadine, et la protéine ne traversera pas la paroi intestinale, donc ne rencontrera pas le système immunitaire de l'enfant. En théorie, l'enfant nourri au sein n'a pas de réaction immunitaire à la gliadine. Si la mère ingère accidentellement de la gliadine durant qu'elle allaite, il est probable que la concentration d'anticorps anti-gliadine augmentera dans son lait. En résumé, les anticorps du lait maternel sont protecteurs et ne sont pas des « déclencheurs » de la maladie cœliaque chez les enfants prédisposés génétiquement. Le médecin ajoute que l'allaitement durant la première année diminue les risques d'allergies de 50 % chez les bébés dont les parents souffrent d'allergies.[6]

Dans le livre *Breastfeeding : A Guide for the Medical Profession*, on mentionne une étude intéressante : Troncone et ses collègues ont mesuré le passage de la protéine gliadine dans le lait humain après une ingestion de 20 g de protéines de gluten. La protéine gliadine s'est retrouvée dans le lait chez 54 des 80 sujets, de 2 à 4 heures après l'ingestion, mais n'est jamais apparue dans le sang de l'enfant. Les auteurs ont conclu que le transfert de la gliadine de la mère à l'enfant était essentiel dans l'établissement d'une réponse immunitaire chez le bébé. Les données épidémiologiques suggèrent de considérer l'allaitement comme spécialement approprié dans les familles avec des antécédents de la maladie cœliaque.[7]

Bien d'autres recherches seront nécessaires pour étudier tous les aspects de la maladie cœliaque par rapport à l'allaitement. Malgré ce questionnement, les nombreux bienfaits de l'allaitement maternel à tous points de vue sur la santé du nouveau-né encouragent plus que jamais la promotion de ce geste naturel et sain.

Chapitre 6

Autres dangers glutineux

V ous pensez maintenant connaître toutes les sources du gluten. Surprise! Il se cache dans des endroits inattendus, tous plus sournois les uns que les autres. L'individu cœliaque devient expert à détecter l'ennemi; il s'agit d'être alerte en tout temps car on sait à quelle vitesse tout change. Le besoin d'être vigilant est imminent, on doit se méfier de toute nouveauté alimentaire, surtout lorsque des étiquettes mentionnent l'amélioration d'un produit. Voilà où la connaissance approfondie des ingrédients glutineux devient essentielle. Au besoin, on peut se munir d'une liste d'ingrédients interdits pour mieux s'y retrouver.

Si les manœuvres d'évitement du gluten se limitaient à la portion alimentaire de notre existence, le défi serait déjà considérable. Malheureusement, pour les intolérants au gluten, la polyvalence de cette substance fait qu'on l'intègre dans bien des contextes comme ingrédient insoupçonné. Ce chapitre se consacre à leur découverte.

L'alcool et le gluten

Les boissons alcoolisées contribuent aux allergies alimentaires de plusieurs façons. Elles augmentent la perméabilité intestinale, permettant aux substances allergènes d'être absorbées dans la circulation sanguine, précipitant alors des réactions allergiques. L'alcool est donc un facteur important dans le syndrome de l'intestin poreux *(leaky gut)*.

On sait que l'alcool est absorbé très rapidement dans l'estomac et l'intestin. L'absorption rapide combinée avec le fait qu'on puisse réagir au grain avec lequel le breuvage est fabriqué fait que cette boisson alcoolisée peut devenir un allergène puissant chez toutes personnes intolérantes à son contenu. C'est d'ailleurs son aspect allergène qui fait que l'alcool a un taux d'accoutumance si important, comme observé dans le cas de l'alcoolisme. Dans des études cliniques, on a découvert que des buveurs occasionnels qui devenaient en état d'ébriété après seulement deux bières ou deux boissons fortes, étaient en fait sensibles au maïs, au blé, au malt, à l'orge, au seigle ou à la levure.

Reprenons maintenant cette même description en la subtilisant à la personne intolérante au gluten. Cet individu a certainement une perméabilité accrue de l'intestin, et on sait sans équivoque qu'il ne tolère pas plusieurs des ingrédients mentionnés. On peut en déduire que les gens intolérants au gluten sont hypersensibles aux effets des boissons alcoolisées – soit ils atteignent l'état d'ébriété très rapidement, soit ils éprouvent des symptômes physiques et mentaux apparents, tels que le mal de ventre ou même une sensation de tristesse ou d'anxiété non justifiée. La réaction au gluten du grain nocif pourrait être exagérée ou plus intense que la réaction habituelle au gluten, due à l'absorption très rapide de l'alcool.

Le maïs, l'orge, le seigle, le blé, l'avoine et le riz sont les grains les plus communs dans la production des whiskys et de la vodka. Les trois premiers sont généralement utilisés pour faire le gin, alors que le maïs et l'orge entrent habituellement dans la fabrication de la bière. D'autres ingrédients trouvés dans les boissons alcoolisées sont la canne à sucre, le malt ou la levure.

La question se pose à savoir si certaines boissons alcoolisées sont tolérables pour les gens atteints de la maladie cœliaque. En excluant l'excès, qui est nocif à tous, certaines boissons sont maintenant permises dans le régime sans gluten. Il est à noter que si l'individu souffre d'autres allergies alimentaires, il faut en tenir compte ; par exemple, si la personne est intolérante aux sulfites, certains vins qui peuvent en contenir ne devraient pas être consommés. Bien entendu, si la consommation de boissons alcoolisées même légère entraîne des symptômes désagréables, le bon sens dicte alors l'abstinence. Encore une fois, une personne fraîchement diagnostiquée devrait attendre que son intestin recouvre une certaine santé avant de l'exposer à un irritant tel l'alcool.

The Canadian Celiac Association Handbook indique que « la bière et la bière maltée (ale) sont habituellement fabriquées à partir d'orge et peuvent contenir de 1 à 2 mg de prolamines par pinte (570 ml), et donc, ne sont pas autorisées. Les vins sont faits de raisin et sont autorisés. Les vins fortifiés comme le xérès (sherry) et le porto contiennent plus d'alcool et sont aussi autorisés. Les breuvages alcooliques distillés comme le gin, la vodka, le scotch whisky et le whisky (rye) sont obtenus à partir du blé, de l'orge et du seigle fermentés. Comme ils sont distillés, ils ne contiennent pas de prolamines et sont donc autorisés. »[1]

La controverse au sujet des boissons alcoolisées dure depuis longtemps. Certaines organisations de la maladie cœliaque sont plus permissives que d'autres, créant beaucoup de questionnement chez les gens désirant une gâterie alcoolisée tout en respectant leur régime sans gluten.

Ce n'est que récemment que l'Association diététique américaine (ADA) a publié une révision du guide concernant la maladie cœliaque, dans sa 6ᵉ édition du livre *Manual of Clinical Dietetics*. Ce manuel est présentement utilisé par les hôpitaux et les médecins dans toute l'Amérique du Nord comme source d'information sur les différents traitements diététiques pour les diverses maladies. Les nouvelles normes décrites dans cet ouvrage se conforment de plus près aux normes internationales. Cela, dans le but de standardiser le plus possible l'approche de la maladie cœliaque dans le monde. Cette publication unit pour la première fois les normes des États-Unis et celles du Canada. On inclut maintenant sur la liste des produits sans risques pour les cœliaques : l'amarante, le sarrasin, le vinaigre distillé (peu importe sa source), les breuvages alcoolisés distillés (incluant le rhum, le gin, le whisky et la vodka), le millet, le quinoa et le teff.[2]

Comme il existe maintenant une diversité spectaculaire de boissons alcoolisées, il arrive souvent que d'autres ingrédients y soient ajoutés. C'est le cas de plusieurs liqueurs et boissons aromatisées. On parle maintenant de certaines bières fabriquées à partir de sarrasin ou de sorgho, qui pourraient constituer une option intéressante pour les amateurs. Comme la plupart des boissons alcoolisées ne portent pas d'étiquettes énumérant les ingrédients précis, il peut être prudent de se souvenir du proverbe qui dit : « Dans le doute abstiens-toi. »

Les médicaments

Il est 3 h du matin. Malade et en sueur, vous prenez votre température et celle-ci est élevée. Vous ouvrez l'armoire à pharmacie et choisissez l'antipyrétique qui vous tombe sous la main. Bien entendu, rien n'est aussi simple pour les cœliaques.

Les médicaments sont une autre source cachée de gluten. Souvent, même en très petites quantités, le gluten peut faire partie de l'enrobage des médicaments, voire du principe actif d'un certain nombre d'entre eux. On trouve le gluten dans certains médicaments sous diverses appellations, dont amidon de blé (attention à l'amidon de provenance non spécifiée), huile de germe de blé, son de blé, son d'orge, amylase végétale (orge) et alpha-amylase (orge), ou sous forme de stabilisateur, d'agent de remplissage, d'arôme et d'autres ingrédients.

Demandez de l'aide à votre médecin lorsqu'il vous fait une ordonnance, et vérifiez auprès du pharmacien en lui disant que vous souffrez de la maladie cœliaque et en lui précisant bien que vous devez éviter tout gluten. Pour les médicaments pris directement de l'étalage, encore une fois, assurez-vous qu'ils sont sans gluten en le demandant au pharmacien. Si vous n'obtenez pas de réponse claire et satisfaisante de sa part et que vous conservez des doutes, n'hésitez pas à consulter une autre personne-ressource. C'est à force d'entendre la question de façon répétitive que les intervenants de la santé reconnaîtront les besoins particuliers des personnes cœliaques et qu'ils s'informeront. On peut aussi se renseigner directement à la compagnie responsable de la fabrication des médicaments, ce qui peut demander un peu de patience mais saura au moins vous rassurer sur le contenu réel de vos remèdes. Agissez de même pour tout achat de suppléments vitaminés, même s'il s'agit de produits naturels. Il faut faire preuve de vigilance car, comme on achète peu souvent des médicaments, leur recette peut avoir changé d'une fois à l'autre.

Les risques cachés

L'hôpital est l'endroit où l'on va en cas de besoin pour obtenir des soins médicaux. Qui aurait pensé qu'une hospitalisation ou même une visite pour un bilan approfondi pouvait poser un risque à notre santé? Pourtant, tel est le cas pour un cœliaque non avisé.

Pour commencer, tout individu intolérant au gluten devrait prévoir une personne de confiance qui s'occupera de transmettre son diagnostic de cœliaque aux gens concernés, dans le cas où il deviendrait incapable de le faire lui-même, à l'occasion d'une chirurgie d'urgence ou d'un accident. Bien que ce semble une mesure draconienne, vous êtes-vous déjà demandé ce qui arriverait si vous subissiez un incident de ce genre? Certaines précautions valent la peine d'être prises.

Si une hospitalisation est planifiée, il est plus facile d'aviser au préalable le service de cuisine pour s'informer mutuellement, ou même de demander l'aide d'un proche afin d'assurer le transport de mets sans gluten préparés à l'avance. À votre arrivée, toujours informer les gens concernés, tels que le médecin, qui n'est peut-être pas votre médecin habituel, donc pas au courant de tout votre dossier, les infirmières, la diététicienne ou tout autre.

Certains tests médicaux sont à surveiller. Le baryum utilisé pour le repas et le lavement baryté peut contenir du gluten. Si vous devez subir une procédure nécessitant un colorant, assurez-vous de rappeler au médecin et au technicien que vous êtes cœliaque, donc que vous pourriez être dangereusement sensible aux matières colorantes. Ceci est extrêmement important.

Qui aurait pensé que la pâte à modeler pouvait constituer un risque pour la santé? Encore une fois, il faut voir à tout. Les jeunes enfants aiment bien goûter à tout, alors cette pâte aux couleurs attrayantes, contenant souvent du gluten, pourrait bien finir dans leur bouche. Il en va de même pour la colle et le papier mâché. Plusieurs recettes maison sont disponibles, incluant même des versions mangeables!

Certaines compagnies préparent maintenant les hosties de la communion sans gluten, résolvant du coup ce qui présentait un problème pour certaines personnes. Il s'agit d'en arriver à une entente avec votre institution religieuse.

Il faut éviter de lécher les enveloppes, les timbres et les étiquettes à dos collants, car eux aussi peuvent contenir du gluten dans leur colle.

Le don de sang

Un aspect non négligeable de la maladie cœliaque est le privilège de faire un don de sang. À cette question, Héma-Québec répond comme suit : « Si la maladie est bien contrôlée par une diète sans gluten, la personne sera acceptée pour le don de sang. Si, par contre, elle a des symptômes de la maladie, elle devra attendre 12 mois après la date des derniers symptômes avant de donner du sang. »

Cette déclaration peut soulever des questions importantes. Comment savoir si la diète est suivie à 100 %, même avec les meilleures intentions ? Le gluten tend à se cacher partout, et les écarts à la diète peuvent se produire accidentellement sans jamais en avoir connaissance. Certains ont des symptômes non typiques, comme la migraine ou la dépression. Comment savoir si le gluten entre en ligne de compte ? On peut donc en déduire que le don de sang reste une décision très personnelle, d'après les croyances et les déductions de chacun. L'éthique requiert qu'on avise le personnel infirmier de son statut de santé avant le don de sang.

L'application topique

Plusieurs marques de shampooings et de crèmes contiennent du blé sous différentes formes. Ce qui soulève la question suivante : « Est-ce possible que le gluten soit absorbé par la peau ? » Selon le Dr John Zone, un dermatologue expert en soins de la dermatite herpétiforme (considérée comme la maladie cœliaque de la peau), la réponse est non. Il explique que le gluten présent dans les crèmes et les lotions appliquées sur la peau n'est pas absorbé, car les molécules du gluten sont trop grosses.

Les dentifrices sont pour la plupart exempts de gluten, mais il peut être intéressant de contacter le manufacturier pour en être certain.[3]

D'après un autre article, « Products for patients with special needs », chez un très petit pourcentage de gens cœliaques, soit de 3 à 5 %, une certaine sélection de produits, dont des savons, cosmétiques ou détergents appliqués sur la peau, peut générer une inquiétude additionnelle. Il y a aussi des individus souffrant d'une « sensibilité élevée », qui doivent se méfier d'une réaction possible à la toxicité de l'odeur ou des éléments pouvant être inspirés par les poumons et ensuite absorbés par les capillaires. Il y a peu de documentation au sujet des réactions causées par l'application topique. Ces réactions peuvent également être déclenchées par d'autres ingrédients présents, tels que l'alcool, les colorants ou les agents de conservation. Comme certains cœliaques sont moins tolérants en général, cela peut expliquer certaines réactions. Des objets communément utilisés causant des réactions sont le rouge à lèvres contenant de la gomme d'avoine, le fixatif à cheveux, le maquillage pour les yeux, certains parfums, savons ou lotions, des shampooings contenant de l'huile de germe de blé, pour ne nommer que ceux-là. Les difficultés se rencontrent surtout chez les gens incommodés par la dermatite herpétiforme, les jeunes enfants et les personnes âgées au système immunitaire moins fort.[4]

Des produits doux, non toxiques et non allergènes sont maintenant disponibles dans la plupart des pharmacies.

La contamination croisée

Dans un chapitre précédent, nous avons abordé le sujet de la contamination croisée par rapport à l'avoine. Laissons cette polémique de côté pour plutôt approfondir d'autres points de vue. La contamination croisée est encore un autre sujet de controverse. Comment savoir si le moulin qui moud votre farine sans gluten nettoie bien son équipement après avoir moulu d'autres farines, ou si la farine en suspension dans l'air à la boulangerie d'à côté ne contamine pas votre farine de riz ? Comme vous le voyez, une décision doit vite être prise. On peut vivre dans la frayeur du gluten à n'en plus dormir la nuit ou on peut choisir de faire de son mieux, acceptant que ses 100 % d'effort amènent 98 % de réussite, tout en permettant une certaine tranquillité d'esprit. Il est plus raisonnable de faire son possible pour esquiver le gluten, tout en évitant de tourner la situation au drame phobique. Pour parvenir à cette acceptation, le fait d'être bien renseigné reste sûrement le meilleur outil. Quand la lumière se fait, la noirceur se retire, et à voir la réalité d'une situation, les peurs s'estompent.

Voici une liste de certaines précautions utiles qui vont vite faire partie de votre routine habituelle.

◆ La personne cœliaque devrait avoir son propre beurrier, sa planche à pain, son grille-pain et, si possible, un coin spécifique du comptoir de cuisine. Ces précautions empêchent que des graines de pain contenant du gluten se mêlent à ses aliments sans gluten.

◆ Si on fait des pâtes, prévoir une passoire séparée pour les différentes pâtes ou égoutter celles sans gluten en premier.

◆ Utiliser des ustensiles propres pour mettre dans le pot de beurre d'arachide ou de confiture, par exemple. Si le couteau qui a servi à beurrer une tranche de pain de blé se retrouve dans le pot, il pourrait y laisser des miettes. C'est une habitude à prendre en famille : une fois sorti du pot, l'ustensile n'y retourne pas. Faire attention avec les visiteurs qui ne sont pas encore au courant.

◆ Si on cuisine, on peut préparer la nourriture sans gluten en premier, surtout s'il y a de la farine parmi les ingrédients. Cela empêchera la farine dans l'air de se déposer sur la préparation sans gluten. Attention de ne pas utiliser le même tamis pour les différentes farines. Si vous êtes très sensible, soyez prudent de ne pas respirer trop de farine, car elle finira par être absorbée dans votre système.

◆ À l'épicerie, si vous achetez de la marchandise en vrac, il faut comprendre que la grosse cuillère qu'on utilise a peut-être aussi servi à prendre un ingrédient contenant du gluten. Plusieurs magasins attachent leurs cuillères avec des chaînettes, évitant ainsi le problème.

◆ Au restaurant, il est toujours possible qu'on cuise des frites dans de l'huile ayant servi à cuire par exemple des rondelles d'oignons ou d'autres ingrédients contenant du gluten.

Cette liste ne se prétend pas exhaustive, elle a pour but de vous donner quelques lignes de conduite à suivre. Le reste viendra de lui-même avec le temps. Votre façon de voir les choses s'élargira pour inclure une nouvelle sphère de « pensée sans gluten ». Donnez-vous le droit à l'erreur, la permission de ne pas tout comprendre tout de suite. Sachez de plus qu'il n'y a pas de honte à ressentir un certain découragement, voire même une rage à la suite du diagnostic, que ce soit le vôtre ou celui d'un proche. Un peu de bonne volonté et de patience seront vite récompensées, en premier par l'amélioration de l'état de santé de la personne impliquée, en second par une meilleure compréhension de la situation, ce qui vous encouragera à poursuivre votre aventure et vos découvertes. La présence précieuse des groupes de soutien pour les cœliaques saura vous réconforter dans les moments de questionnement.

Chapitre 7

Reconstruire sa santé

Tous les êtres vivants de la terre ont une chose en commun. Aussi bien pour l'être humain dans sa civilisation que pour les animaux dans la nature, le besoin de se nourrir prédomine. Malheureusement, la base même de la bonne nutrition semble souvent oubliée au profit de l'industrie alimentaire. Le consommateur devient, consciemment ou non, victime d'un rythme de vie effréné, entraîné à se nourrir de façon rapide, encouragé à faire des achats alimentaires choisis au gré des emballages séduisants, souvent sans attention à la valeur nutritive réelle des produits. Une grande partie de la population se nourrit d'une manière inconsidérée, omettant les principes nutritifs essentiels, pour inclure dans son régime des aliments raffinés, parfumés aux agents de conservation. À la longue, un régime déficient entraîne inévitablement un affaiblissement du système immunitaire ouvrant la porte à une gamme de maladies variées.

La diète

Lorsqu'on souffre d'une maladie telle que la maladie cœliaque, l'importance de bien se nourrir devient criante. Malgré les restrictions diététiques imposées, on réussit souvent à mieux s'alimenter que la moyenne de la population. L'obligation de déchiffrer chaque ingrédient composant nos aliments nous donne l'occasion rêvée de faire des choix éclairés et nutritifs. La nutrition est la relation entre les aliments et la santé de notre corps physique, en d'autres mots, il s'agit de l'ensemble des transformations et de l'utilisation des aliments par notre corps pour assurer sa croissance et ses activités.

L'exclusion des aliments contenant de la gliadine ne mène aucunement à des déficiences nutritionnelles. Au contraire, une fois tout gluten exclu, les villosités de l'intestin retrouvent forme et santé, et l'absorption des éléments nutritifs reprend bientôt sa pleine capacité. Le choix des aliments devient alors important pour combler les carences de vitamines et minéraux nécessaires à la santé.

Bien entendu, une alimentation saine et équilibrée va promouvoir la guérison de la paroi intestinale en plus de procurer les éléments manquants. Il s'agit de commencer par remplacer les grains non permis par les féculents et grains sans gluten qui sont, comme nous l'avons vu au chapitre 5, des sources inestimables de nutriments essentiels.

Les aliments permis sont les viandes, la volaille, les poissons et les fruits de mer, les fruits et légumes, les grains et céréales sans gluten, les œufs, les légumineuses, les noix (amande, aveline, cajou…), les graines (tournesol, citrouille, sésame…) ainsi que les huiles de préférence pressées à froid pour leur haute teneur en acides gras essentiels. Les produits laitiers sont acceptés selon la tolérance individuelle. Comme mentionné précédemment, il arrive que l'intolérance au lactose disparaisse après plusieurs mois d'un régime sans gluten et suivant la guérison des villosités intestinales. Il s'agit de le remettre dans la diète en évaluant s'il y a apparition de symptômes désagréables à la suite de son ingestion. Le lait de soya est un substitut agréable, mais il faut s'assurer de le prendre nature, car les versions aromatisées contiennent souvent du malt d'orge.

Comme la maladie cœliaque est auto-immune, tout élément néfaste à l'efficacité du système immunitaire devrait être évité ou pris en quantité très modérée pour ne pas taxer davantage son énergie. Toute guérison nécessite le retrait des aliments nuisibles, l'ajout d'éléments nutritifs essentiels, une présence minimale de déchets acidifiants dans le corps, ainsi qu'une période de temps raisonnable pour récupérer. Les produits tels que le sucre et ses dérivés, le café, le thé, les liqueurs douces, les boissons alcoolisées sont irritants et acidifiants pour le corps humain et ne contiennent pratiquement aucun élément nutritif.

Si on triche

Vu la complexité du régime sans gluten, il peut arriver par mégarde, surtout lors de voyages, qu'on consomme une petite quantité de gluten. Il n'y a rien à faire sinon attendre la fin des symptômes engendrés. Certains clament que plusieurs enzymes peuvent assister la digestion du gluten pris accidentellement ou en toute connaissance de cause. Le Dr Joseph A. Murray de la clinique Mayo ne recommande pas ces enzymes. Il ajoute qu'il n'y a pas de preuves qu'elles préviennent les effets dommageables du gluten chez les cœliaques et qu'il est peu plausible qu'elles soient capables de se débarrasser de tout le gluten ingéré.[1]

La diète sans gluten, bien qu'exigeante, reste le seul traitement connu jusqu'à maintenant pour la maladie cœliaque. Plusieurs recherches indiquent que 60 à 70 % des cœliaques s'accommodent bien du régime sans gluten, y voyant l'occasion de gérer leur maladie positivement. Cette catégorie d'individus a moins de complications de santé en général. Bien des gens, que ce soit parce qu'ils ne sont pas convaincus de la nécessité d'un régime aussi strict, soit par manque de connaissance de ladite diète ou de la maladie, soit par choix personnel, décident de ne pas respecter ces règles alimentaires si différentes. Certains les respectent en partie seulement, souvent jusqu'au point où leurs symptômes deviennent tolérables et vivables. Malheureusement, de 30 à 40 % des cœliaques font partie de ce groupe, risquant ainsi de souffrir de séquelles à long terme. Nous ne reviendrons pas sur les implications de ce choix, ayant mentionné de façon répétitive tout au cours de ce livre les risques encourus, et ayant discuté en détail des complications possibles au chapitre 4.

Quelques lectures au sujet de la maladie cœliaque mentionnent le risque de choc anaphylactique lors de la réintroduction accidentelle du blé. Le choc anaphylactique est une forme de réaction allergique potentiellement fatale si elle n'est pas traitée immédiatement. Il peut être causé par un aliment, mais aussi par une réaction sévère à un médicament ou à une piqûre d'insecte. Une grande quantité d'histamines est relâchée dans le corps, provoquant de l'enflure, une difficulté respiratoire, un collapsus de la circulation sanguine dont l'un des symptômes est une chute marquée de la pression artérielle, et même des convulsions. La réaction allergique au blé est une réaction immunologique contre une fraction du blé, que ce soit la gliadine, la gluténine ou une autre. La réaction est habituellement immédiate ou elle se produit dans l'heure suivant l'ingestion. Il est toujours possible qu'une personne souffrant de la maladie cœliaque soit aussi allergique au blé, mais ce fait aura sûrement été découvert plus tôt dans sa vie et elle sera bien avisée de la situation. Les personnes à risque ont habituellement une seringue d'adrénaline avec eux en tout temps. La réaction allergique au blé est d'ailleurs rarement aussi sévère.

Il est important de comprendre que l'intolérance au gluten n'est pas une allergie. La maladie cœliaque est une intolérance à la protéine du blé, soit la gliadine, et bien que ses symptômes soient désagréables, elle ne comporte pas de dangers imminents et potentiellement fatals à court terme, tels que le choc anaphylactique. Il est crucial d'être bien renseigné pour éviter de semer la panique chez les nouvellement diagnostiqués, surtout s'il s'agit d'enfants qui dépendent de leurs parents pour les guider et les rassurer.

Combler les déficiences

Tout traitement d'une maladie intestinale impliquant un trouble d'absorption doit nécessairement être accompagné d'une planification alimentaire pour combler les carences nutritives. Comme la maladie cœliaque attaque le petit intestin, l'endroit même où se passe une grande partie de l'absorption des nutriments, il est important de rectifier la situation le plus rapidement possible. Ajoutée à un régime sans gluten, la prise de suppléments adéquats peut accélérer le retour à la santé. Les pages suivantes offrent un survol rapide de l'alimentation pour mieux comprendre comment combler vos besoins nutritionnels.

◆ Les glucides

Souvent nommés hydrates de carbone, les glucides comprennent les féculents, les fibres et les sucres. Les glucides sont la source première et préférée d'énergie de toutes les cellules du corps, laissant aux protéines le travail de bâtir et de réparer. Ils sont importants dans le métabolisme des gras, ainsi que pour la digestion et l'absorption d'autres aliments.

Une déficience en glucides peut se traduire en un manque d'énergie, un problème de concentration, une dépression, de l'acidose et une perte de poids. Un excès peut conduire à l'obésité et à des irritations digestives.

Les sources de glucides sont variées : on y inclut les fruits, les légumes, les légumineuses, les grains et céréales, ainsi que les sucres simples, qu'on doit consommer de façon modérée, dont le sucre blanc, la mélasse et le miel.

◆ Les protéines

Les protéines sont essentielles à la croissance et au développement de tous les tissus du corps humain, dont elles constituent le principal matériau de construction (se référer au début du chapitre 3). Elles agissent aussi dans la formation des anticorps.

Une déficience en protéines peut entraîner une faiblesse du tonus musculaire, un retard de croissance, une dépression, un manque de vitalité et d'endurance ainsi qu'une faible résistance aux infections. Un surplus exagéré de protéines s'avère néfaste pour les reins et peut contribuer à l'obésité.

Les sources de protéines sont la viande, la volaille, le poisson, les fruits de mer, les œufs, les produits laitiers, les grains entiers, les noix, les légumineuses et le tofu.

◆ **Les lipides**

Les lipides sont des composés organiques insolubles dans l'eau mais solubles dans d'autres lipides. Ils contribuent, entre autres, à l'absorption des vitamines liposolubles (vitamines A, D, E, K). Ils servent d'énergie concentrée pour le corps. Les graisses constituent également un tissu de remplissage. Elles protègent contre les chocs en séparant les organes et en adoucissant les frottements.

Les lipides sont divisés en trois catégories : les gras saturés, monoinsaturés et polyinsaturés. Les gras saturés sont solides à la température ambiante; ils sont présents dans la graisse animale et dans certaines huiles végétales (noix de coco et de palme). Ils doivent être consommés modérément, car ils semblent augmenter le cholestérol sanguin.

Les gras insaturés sont liquides à la température de la pièce, soit la plupart des huiles végétales. Ils sont subdivisés en gras monoinsaturés (les huiles végétales et de noix – olive, canola, sésame, amande et arachide) et les gras polyinsaturés (poissons, lin, soya, tournesol, noix et graines). Les gras insaturés sont plus sains pour la santé. Ils semblent augmenter le bon cholestérol sans hausser le cholestérol total. Il est préférable de les prendre crues, car toute huile chauffée produit des radicaux libres. Les gras, même insaturés, libèrent 9 calories par gramme, c'est-à-dire de 100 à 120 calories par 15 ml (1 c. à soupe). Leur digestion est lente, d'une durée de 8 à 9 heures. Seulement 20 à 30 % de notre alimentation devrait consister en lipides.

Les gras hydrogénés (saindoux, margarine végétale) causent beaucoup de dommages à la santé et devraient être évités par tous et chacun. Ils ont subi un processus pour durcir une huile végétale antérieurement liquide.

Comme la plupart des cœliaques sont incommodés par une malabsorption des gras, il est important d'y voir. Les signes de troubles d'assimilation des gras sont des selles pâles, volumineuses et à l'odeur nauséabonde. On détecte souvent la présence de gras flottant autour des selles. Une déficience de lipides peut mener éventuellement à un manque d'acides gras essentiels. Il est nécessaire de distinguer les bonnes sources de gras, car un excès de gras saturés dans la diète est associé aux maladies cardiaques, à l'obésité, au diabète et au cancer.

◆ Les acides gras essentiels

De nos jours, on entend fréquemment les termes « acides gras essentiels » ou « AGE ». Comme le nom l'indique, ils sont essentiels à la santé. Ils doivent provenir de l'alimentation car le corps est incapable de les fabriquer ou de les synthétiser à partir d'éléments déjà présents dans l'organisme. Les graisses insaturées fournissent les acides gras essentiels donc le corps a besoin. Notre diète devrait inclure une quantité équivalente de gras polyinsaturés et monoinsaturés. Les acides gras essentiels non saturés participent aussi à la production des prostaglandines, qui sont des substances hormonales impliquées dans la circulation sanguine et dans le processus inflammatoire. Les acides gras essentiels favorisent la circulation sanguine en prévenant l'adhésion des plaquettes sanguines (composantes du sang qui forment les caillots) et facilitent le processus anti-inflammatoire (blessures, allergies). Ils stimulent la sécrétion des hormones surrénaliennes, et jouent un rôle important pour la peau et le système nerveux. Ces acides gras essentiels proviennent des huiles non raffinées et pressées à froid :

• Acide linolénique (oméga-3) : graines de lin (la meilleure source), de citrouille et de tournesol, noix de Grenoble, huile de saumon et de thon.

• Acide linoléique (oméga-6) : huile de carthame (la meilleure source), de chanvre, d'onagre et de tournesol, noisette, amande, pacane et noix de cajou.

Comme toutes les cellules du corps humain nécessitent des acides gras pour assurer une santé optimale, une déficience de ceux-ci peut entraîner une variété de troubles.

Conditions ou symptômes pouvant bénéficier d'une supplémentation d'acides gras essentiels
Troubles de la peau *(démangeaisons, sécheresse, acné, psoriasis)*
Stérilité masculine
Avortement spontané
Susceptibilité aux infections
Conditions douloureuses et inflammatoires *(douleur aux jointures, arthrite)*
Troubles cardiaques et circulatoires, incluant l'hypercholestérolémie
Hypertension
Syndrome prémenstruel et douleur menstruelle
Symptômes liés à la ménopause *(bouffées de chaleur, sécheresse vaginale)*
Détérioration de la santé mentale *(fatigue chronique, confusion, schizophrénie)*
Troubles liés à l'anxiété et à la nervosité
Déficit d'attention avec ou sans hyperactivité
Blessures qui ne guérissent pas
Alopécie *(perte des cheveux)*

Bien que la population en général puisse bénéficier d'un apport journalier d'acides gras essentiels, il est évident que toutes les personnes atteintes d'un trouble ou d'une maladie limitant l'absorption des gras devraient se faire un devoir d'intégrer ces gras indispensables dans leur alimentation quotidienne. Il est important d'associer une part de vitamine E aux acides gras essentiels pour réduire les chances d'altération des acides gras par l'oxydation. Plusieurs formules d'acides gras sur le marché incluent la vitamine E. Les bénéfices peuvent prendre jusqu'à quelques mois à se faire remarquer, mais les bienfaits et la réparation intérieure sont sûrement en cours bien avant ce moment.

Les vitamines

Une vitamine est une substance essentielle au fonctionnement du corps humain. Ce sont les vitamines qui permettent de transformer en énergie tout ce que nous mangeons. Elles nous protègent et rendent plus fort tous les organes de notre corps. On trouve deux catégories de vitamines :

• Les liposolubles, qui se dissolvent dans les graisses et les huiles : vitamines A, D, E, F (acides gras essentiels), et K.

• Les hydrosolubles, qui se dissolvent dans l'eau : toutes les vitamines du groupe B et la vitamine C.

La malabsorption des vitamines A, D, E, et K peut se produire lorsque l'intestin grêle est affecté par une maladie. Comme ces vitamines liposolubles nécessitent la présence de gras pour leur absorption, la situation se voit aggravée par la malabsorption graisseuse souvent présente avec la maladie cœliaque. La stéatorrhée est le symptôme le plus visible de ce trouble de malabsorption. Voyons très brièvement les principaux rôles, les signes de carence et les sources de ces vitamines.

Les vitamines liposolubles :

◆ La vitamine A

Rôles : croissance et réparation du corps (os et dents), bonne vision, entretien de la peau et des muqueuses (gorge, nez, poumons, intestins), lutte contre l'infection et aide à la digestion des protéines.

Signes de carence : allergies, perte d'appétit, troubles des sinus, manque de résistance aux infections, troubles de la vue, perte de vision nocturne, cancer, tintements dans les oreilles.

Sources : huile de foie de poisson (flétan et morue), foie, produits laitiers, beurre, jaune d'œuf, fruits jaunes (nectarine, pêche, figue, abricot...), légumes verts et jaunes (carotte, patate douce, certaines courges, épinard...), luzerne et pissenlit.

◆ La vitamine D

Rôles : formation des os, car elle régit le métabolisme du calcium et du phosphore, combat le stress et l'infection, augmente l'immunité et favorise la santé de la peau.

Signes de carence : sensation de brûlure dans la bouche et la gorge, diarrhée, insomnie, sécheresse des yeux, myopie, nervosité, problèmes d'os (ostéomalacie, rachitisme, ostéoporose) et de dents, vulnérabilité à l'infection.

Sources : lumière solaire, huile de poisson, foie de poulet, jaune d'œuf, sardine à l'huile, champignon, produits laitiers et graine de tournesol.

◆ La vitamine E

Rôles : amélioration de la fertilité (anti-abortive), retard du vieillissement par action antioxydante, renforcement des capillaires, prévention des troubles cardiovasculaires, entretien des muscles et des nerfs, diminution des chaleurs à la ménopause, action antirides.

Signes de carence : cheveux ternes et secs, chute des cheveux, avortement spontané, stérilité, maladies cardiovasculaires, troubles neurologiques (troubles des réflexes), dépression des fonctions immunitaires.

Sources : luzerne, légumes verts, huile de carthame pressée à froid, œuf, noix, amande, tournesol, banane, carotte, tomate, feuille de pissenlit, cresson, fève de soya, avocat, poulet, aiglefin et algues marines.

◆ **La vitamine K**

Rôles : aide à la coagulation du sang (pour hémorragie, saignement de nez).

Signes de carence : contusions, hémorragies, avortement spontané, règles douloureuses ou irrégulières, saignement de nez.

Sources : légumes à feuilles vertes (épinard), huiles végétales pressées à froid, lait de chèvre, presque toutes les plantes, luzerne, fève de soya, tomate, chou-fleur, chou, carotte, pomme de terre et jaune d'œuf ; un intestin en santé fabrique la vitamine K avec l'aide des bonnes bactéries présentes.

Les vitamines hydrosolubles

◆ **Les vitamines du complexe B**

Rôles : soutien au système nerveux (syndrome prémenstruel, anxiété, dépression), aide à la digestion des glucides, des protéines et des lipides, apport indispensable au bon fonctionnement du corps, aide à la cicatrisation des plaies et à la mémoire des rêves.

Signes de carence : dépression, insomnie, manque de concentration, troubles circulatoires, oculaires et mentaux, retard de croissance, éruptions cutanées, hypoglycémie, chute des cheveux, nervosité, anémie, syndrome prémenstruel.

Sources : levure de bière, céréales, foie, rognon, produits laitiers, œuf, poisson, chou, carotte, asperge et légumes verts.

Toutes les vitamines du complexe B sont importantes, mais deux d'entre elles, soit l'acide folique (B_9) et la cyanocobalamine (B_{12}), sont souvent déficientes chez les cœliaques en phase aiguë. Nous les verrons donc séparément.

◆ Acide folique (B9)

Rôle : précurseur de l'absorption de la vitamine B_{12}, indispensable au métabolisme des acides nucléiques (ARN, ADN), nécessaire au bon fonctionnement du cerveau, à la santé mentale et émotionnelle ; augmentation de l'appétit, stimulation de la production d'acide chlorhydrique, combat contre l'anémie, apport essentiel à la femme enceinte pour éviter les malformations de l'enfant, et augmentation de la résistance à la maladie.

Signes de carence : malformation génétique du nouveau-né, anémie, lésions aux coins de la bouche, langue rouge et brillante, bouche et langue douloureuses, chevelure terne, changements neurologiques importants (confusion mentale, dépression, schizophrénie), fatigue, faiblesse générale, comportement irritable, insomnie, perte de mémoire.

Sources : épinard, asperge, betterave, chou frisé, endive, navet, pomme de terre, brocoli, fève de Lima, avocat, datte séchée, pruneau sec, fraise, foie, rognon, agneau, fromage cottage, levure et riz.

Il est important de noter que l'acide folique a plusieurs antagonistes, dont des médicaments, la pilule contraceptive et l'alcool. Ils en suppriment l'effet dans l'organisme.

◆ **La vitamine B12**

Rôles : en combinaison avec l'acide folique dans la fabrication des globules rouges, combat contre l'anémie, soutien aux systèmes nerveux, circulatoire et féminin, apport essentiel au maintien de la myéline entourant les nerfs, soutien nécessaire à la synthèse de l'ADN, prévention des troubles allergiques ainsi que de l'épuisement des glandes surrénales.

Signes de carence : grande fatigue, diminution de l'énergie mentale, manque de concentration, léthargie, perte d'intérêt, troubles menstruels, anémie pernicieuse, asthme, urticaire, eczéma, angine de poitrine, insomnie, vertige, épuisement des surrénales, perte d'équilibre et engourdissements, picotements dans les doigts et les orteils.

Sources : foie, rognon, bœuf, agneau, porc, poissons gras, poulet, fruits de mer, œuf complet.

On note que certaines choses nuisent à l'absorption de la vitamine B_{12}, dont la pilule contraceptive, une carence prolongée en fer, les situations stressantes, les périodes de grossesse et la diète végétarienne. La déficience est plutôt rare chez le bébé et l'enfant, mais remarquée occasionnellement chez les adolescents.

◆ La vitamine C

Rôles : formation de la peau, des ligaments, des dents et des os, cicatrisation des blessures, prévention des hémorragies, lutte contre les infections, augmentation de l'absorption du fer, soutien au système cardiovasculaire, combat contre le cancer par action antioxydante, clarté mentale et effet anxiolytique.

Signes de carence : pyorrhée (dents branlantes), allergies, eczéma, hernie discale, torticolis, atteintes oculaires, saignement des gencives et du nez, ecchymoses, hémorroïdes, infections à répétitions (grippe, rhume), mauvaise cicatrisation.

Sources : légumes feuillus verts, luzerne, asperge, carotte, céleri, tomate, cresson, betterave, églantier, fruits citrins, kiwi, baies, foie de poulet, cœur et foie de lapin, lait écrémé, persil, piment et acérola.

Les antagonistes de la vitamine C sont le stress, la fatigue, l'usage du tabac, la consommation d'alcool, une diète à teneur élevée en nitrites et la cuisson prolongée des aliments.

Les minéraux

Les minéraux sont indispensables à toutes les fonctions du corps, que ce soit la sécrétion hormonale des glandes ou l'équilibre acido-basique des fluides des tissus. Un flot adéquat de minéraux assure un fonctionnement normal des cellules et le maintien de la santé. Les minéraux jouent aussi le rôle de catalyseurs qui rendent la fonction enzymatique possible. Tous les éléments travaillent en collaboration, comme un tout. Une carence d'un seul minéral peut déranger toute la chaîne de la vie, rendant les autres nutriments inutiles ou inefficaces. Bien que tous les minéraux et les oligoéléments soient essentiels à la santé, nous aborderons seulement quelques minéraux qui peuvent être déficients dans le corps quand la maladie cœliaque est non traitée.

Le potassium, le sodium et le chlore sont trois minéraux qui travaillent ensemble, et qu'on nomme aussi électrolytes. Lors de diarrhées ou de vomissements persistants, la personne malade a tendance à la déshydratation, causant souvent un déséquilibre de ses électrolytes. Un dommage au duodénum et au jéjunum peut aussi affecter l'absorption de ces éléments. Un bilan sanguin établit rapidement un diagnostic précis.

◆ Le potassium

Rôles : tranquillisant nerveux, rôle dans la contraction cardiaque, aide à l'élimination des toxines du sang par les reins, aide à la clarté d'esprit en oxygénant le cerveau et normalisation de la tension artérielle.

Signes de carence : acné, constipation, digestion difficile, nausée, diarrhée, fatigue physique et mentale, irrégularités cardiaques, nervosité, insomnie, peau sèche, soif, hypertension, œdème et hypoglycémie.

Sources : produits laitiers, volaille, légumineuses, tofu, pomme, orange, banane, raisin, datte, figue, pêche, kiwi, pamplemousse, arachide, mélasse noire, graine de tournesol, tomate, pomme de terre, courge, algues marines.

Le sodium

Rôles : travail en synergie avec le potassium pour régulariser les battements cardiaques et pour garder l'équilibre acido-basique des fluides du corps, aide à la fonction nerveuse et musculaire, prévention des coups de chaleur et aide à la digestion.

Signes de carence : indigestion, nausée, flatulence, hypoglycémie, difficulté à digérer les hydrates de carbone, atrophie musculaire, dégénération cardiaque, perte de poids, douleur névralgique.

Sources : sel, fruits de mer, carotte, betterave, artichaut, bœuf séché, rognon, viande, varech, luzerne, pissenlit, gingembre, orme rouge.

Le chlore

Rôles : équilibre acido-basique sanguin, travail en synergie avec le sodium et le potassium, élimination des toxines en soutenant le foie.

Signes de carence : vomissement, perte de cheveux et de dents, en cas de carence grave, troubles psychomoteurs, perte de mémoire, retard de croissance.

Sources : sel, varech, olive, légumes et viandes.

◆ Le calcium

Rôles : formation des os et des dents, facilitation de la contraction musculaire incluant celle du cœur, transmission de l'influx nerveux, aide à la coagulation du sang et aide au métabolisme du fer.

Signes de carence : crampes musculaires, engourdissement des membres, palpitations, dépression nerveuse, carie dentaire, ostéoporose, insomnie, crampes menstruelles, ongles cassants.

Source : produits laitiers, sardine et saumon avec arêtes, foie de bœuf, soya, chou, pissenlit, graine de sésame, noix, amande, figue, datte, légumineuses, brocoli, légumes verts feuillus.

◆ Le magnésium

Rôles : maintien de l'équilibre acido-basique, présence nécessaire au métabolisme des sucres, du calcium, du phosphore, du sodium, du potassium et de la vitamine C, synthèse de l'ADN et de l'ARN, action sur les muscles, croissance des leucocytes, constitution des os et des dents, cofacteur enzymatique, aide au système nerveux (minéral anti-stress), normalisation de la tension artérielle, prévention des troubles cardiaques et de la formation de calculs.

Signes de carence : confusion mentale, anxiété, palpitations cardiaques, céphalée, nervosité, tremblement des muscles, insomnie, irritabilité, dépression, perte d'appétit, troubles cardiaques, léthargie, nausée, diarrhée.

Sources : poissons, fruits de mer, oignon, épinard, maïs jaune, légumes verts, soya, noix, amande, graine de sésame, pomme, pêche, figue, citron, pamplemousse, riz brun, grains entiers, chlorophylle.

◆ Le fer

Rôles : coloration du sang, production d'hémoglobine et de certaines enzymes, augmentation de la vitalité et de l'immunité, régulation du métabolisme des vitamines B, prévention de la fatigue et de l'anémie.

Signes de carence : anémie, anomalie respiratoire (essoufflement), constipation, manque d'appétit, manque de concentration, pâleur, fatigue générale.

Sources : foie de bœuf, viande rouge, jaune d'œuf, poissons, huître, céréales complètes, mélasse, persil, légumes verts feuillus, asperge, chou frisé, haricot, betterave, noix, raisin, figue, abricot, avocat, légumineuses, varech, ortie, pissenlit.

◆ Le zinc

Rôles : métabolisme des protéines et du phosphore, aide à la digestion des glucides, guérison des plaies et des brûlures, amélioration de la vision nocturne, du goût et de l'odorat, amélioration de la santé de la prostate chez l'homme, action sur les ganglions lymphatiques, importance pour le système immunitaire, constituant de l'insuline.

Signes de carence : anorexie, taches blanches sur les ongles, mauvaise résistance aux infections, stérilité masculine, troubles de prostate, retard de croissance, perte du goût, anémie.

Sources : fromage, foie, céréales et graines germées, graine de tournesol, levure de bière, champignon, épinard, fève de soya, huître, œuf, viande, moutarde.

La flore intestinale

La maladie cœliaque, surtout si la période précédant son diagnostic s'est prolongée, a un effet dévastateur sur la flore intestinale. En effet, celles qu'on nomme souvent les « bactéries amies » de l'intestin se trouvent ravagées et perturbées lors d'une maladie intestinale. L'intestin abrite des millions de bactéries de différentes espèces. Les bactéries non pathogènes portent aussi le nom de probiotiques, ce qui signifie « pour la vie », un nom bien mérité si on considère leurs nombreux bienfaits pour la santé.

Certaines de ces bactéries ont un rôle important à jouer dans une saine digestion des aliments et l'assimilation conséquente des éléments nutritifs essentiels. Elles ont aussi un effet déterminant sur la perméabilité de la paroi intestinale, sur l'efficacité optimale du système immunitaire, dans la fabrication des vitamines B et K, et possiblement dans la prévention d'allergies. De plus, elles agissent comme antibiotique naturel prévenant certaines infections bactériennes et virales, ainsi que le *Candida albicans*. Elles protègent contre les effets nuisibles de la radiation et des polluants, améliorent la fonction intestinale et l'élimination, tout comme elles préviennent les fermentations et les putréfactions excessives qui causent la flatulence.

Certains éléments qui inhibent les bactéries amies sont le sucre, la caféine, les aliments raffinés, les boissons alcoolisées, le tabac, les antibiotiques, les stéroïdes, la pilule contraceptive et les vaccinations. Ces facteurs entraînent un déséquilibre entre les différentes populations de bactéries pathogènes et non pathogènes qui résident dans l'intestin. Une perturbation de l'équilibre bactérien survient à la suite de diarrhées persistantes ou d'une nutrition inadéquate (par manque d'absorption des éléments nutritifs), comme c'est souvent le cas chez les cœliaques.

Pour rétablir la situation, la prise de « bactéries amies » supplémentaires est tout indiquée. Les familles les plus connues sont certainement celles des *Lactobacillus* et des *Bifidobacterium*, bien que d'autres viennent souvent compléter le supplément. Certaines marques de produits utilisent une base de lactose, il est donc important de bien vérifier les ingrédients si l'intolérance au lactose vous cause des problèmes.

Les enzymes digestives

Les enzymes sont des catalyseurs de nature protéique, qui favorisent les réactions biochimiques du corps humain, permettant la transformation d'une substance donnée. Autrement dit, une enzyme permet de transformer une substance en une autre selon les besoins du moment. C'est le travail incessant d'une quantité incroyable d'enzymes qui assure notre équilibre biochimique interne.

Les enzymes digestives s'occupent de désagréger la nourriture en composantes utilisables par notre corps. Un aliment cru possède la quantité d'enzymes nécessaires à sa propre digestion, tandis que la cuisson diminue la portion d'enzymes disponibles. Plus la cuisson est longue, moins il reste d'enzymes. Tous les gens souffrant d'une santé moins que parfaite devraient opter pour un supplément d'enzymes digestives afin de favoriser l'assimilation optimale de leur nourriture. Dans le cas de la maladie cœliaque où l'absorption est souvent sévèrement entravée, les enzymes apportent une aide nutritionnelle non négligeable.

Bien qu'il soit difficile de déceler une déficience nutritionnelle à l'œil nu, certains symptômes d'une insuffisance enzymatique sont flagrants, tels que la somnolence après le repas, la sensation de gonflement, de distension abdominale, de lourdeur, la flatulence, les rots, la sensation d'être encore « plein » au repas suivant, et même la fatigue. Ces symptômes peuvent aussi indiquer un manque d'acide chlorhydrique, qu'on trouve dans la plupart des composés d'enzymes digestives du règne animal.

Les enzymes ont chacune leur fonction particulière. Les lipases digèrent les matières grasses, les amylases et les maltases s'occupent des hydrates de carbone, et les protéases assurent la digestion des protéines. On offre sur le marché des complexes enzymatiques provenant du règne animal ou végétal. Le choix est individuel selon les besoins (acide chlorhydrique ou non) et les préférences. Il est à noter que les gens souffrant d'ulcères ou prenant certains médicaments devraient éviter l'acide chlorhydrique.

La phytothérapie

La phytothérapie est une médecine douce utilisant des produits à base de plantes pour promouvoir la santé. Pour la population cœliaque, les plantes trouvent leur utilité dans le soulagement de symptômes variés plutôt que dans le traitement de la maladie elle-même. Ne voulant pas épiloguer sur les grandes possibilités offertes par le monde végétal, nous discuterons de quelques plantes seulement, soit celles capables de procurer un soulagement à l'inconfort intestinal qui accompagne si souvent la condition.

L'orme rouge est connu depuis toujours pour les vertus adoucissantes de son écorce interne. Hautement nutritive, l'écorce de l'orme rouge s'avère un excellent choix en cas de famine. Mucilagineuse, elle s'étend au contact de l'eau, ce qui accroît sa capacité d'apaiser et de guérir les muqueuses irritées de l'estomac et de l'intestin. C'est une plante très recommandée en cas de diarrhée ; elle normalise les selles, adoucit les parois, et aide à la guérison des ulcères et du tractus intestinal. Elle est aussi recommandée en cas de colite, d'hémorroïdes, de troubles digestifs, de diverticulites et même de maux de gorge.

La guimauve est souvent conseillée pour ses bienfaits sur les systèmes urinaire, génital, respiratoire et intestinal. Elle est mucilagineuse, donc comme l'orme rouge elle recouvre, adoucit et guérit les membranes muqueuses. On l'utilise pour traiter les troubles de vessie, l'emphysème, les calculs rénaux, pour augmenter l'écoulement du lait maternel et pour soulager l'inflammation causée par la gastrite et la diarrhée.

L'aloès *(Aloe vera)* est une plante très populaire et bien appréciée. Elle est utilisée depuis des siècles. On suggère qu'elle contient un agent analgésique, qui commence à soulager dès son contact. Elle prévient et apaise l'infection, procure une guérison rapide en stimulant la croissance normale des cellules.

Ses usages multiples incluent le soulagement des allergies, des brûlures, de la colite, des troubles digestifs, des ulcères, de l'herpès et des piqûres d'insectes.

La lobélie se fait remarquer par son action antispasmodique. Elle est considérée comme une des herbes simples les plus puissantes. Elle réduit les spasmes, peut donc aider à diminuer les crampes intestinales, en plus d'avoir un effet relaxant sur la personne. On l'utilise pour soulager la douleur, les allergies, l'asthme, la bronchite, les maux de tête, l'insomnie et la tension nerveuse. Une herbe polyvalente qui s'adapte facilement au besoin immédiat et qui peut être intéressante à garder à portée de la main.

La luzerne est souvent considérée comme une herbe tonique de par sa haute teneur en éléments nutritifs. Elle contient du fer, du calcium, du magnésium, du phosphore, du sulfure, du chlore, du sodium, du potassium, de la silice et des oligoéléments, en plus d'être une bonne source de bêta-carotène et de vitamine K. Elle fournit les huit acides aminés essentiels et est la plante contenant le plus de chlorophylle. Cette richesse nutritive explique pourquoi on l'emploie comme base dans plusieurs toniques de santé. On l'utilise pour soutenir le système en temps d'allergie, de bursite, de manque d'appétit, durant l'allaitement, pour faciliter la digestion et pour soigner les troubles intestinaux. Pour certaines personnes incapables de tolérer les suppléments vitaminés, la luzerne présente une option saine sans gluten.

On trouve sur le marché plusieurs composés de plantes offrant ainsi une valeur synergique complémentaire. D'autres plantes méritant d'être mentionnées pour leurs effets apaisants sur les systèmes digestif et intestinal sont le fenouil, la cataire, la camomille, le gingembre, la papaye, le psyllium, la menthe et le taheebo, ou pau d'arco.

Chapitre 8

L'aspect psychologique

L a santé, dans sa forme globale, est l'équilibre entre les différentes dimensions de notre vie, tant physique que psychique. C'est-à-dire que toute notion de santé doit inclure l'aspect physique, mental et même spirituel de la personne. C'est en 1943 qu'Abraham Maslow, psychologue et sociologue de Chicago, publia sa théorie sur la motivation de l'être humain. Depuis 1954, l'échelle hiérarchique des besoins fondamentaux d'Abraham Maslow est utilisée dans tous les domaines.

Une façon simple de comprendre la hiérarchie des besoins est de suivre un nouveau-né. Ses premiers besoins sont physiologiques, soit de se nourrir et d'être au chaud. À mesure qu'il grandit, ses besoins s'accroissent; il poursuit donc la sécurité puis l'amour. L'enfant devient alors affamé d'interaction sociale, tandis qu'une fois adolescent ou jeune adulte il cherche à combler son besoin d'estime de soi et d'estime de la part d'autrui. C'est à ce moment qu'il prend confiance en lui-même et sent qu'il exerce une certaine influence sur son milieu. Vient ensuite son besoin d'actualisation de soi ou de réalisation de soi, autrement dit, de devenir tout ce qu'il est capable de devenir. Prenons comme exemple un homme occupé à jouer d'un instrument de musique (réalisation de soi), et qui se rend compte qu'il est affamé ; ce besoin primaire de base (besoin physiologique) devient alors le plus important à remplir. On constate que le terme « satisfaction » est relatif, selon le moment présent.

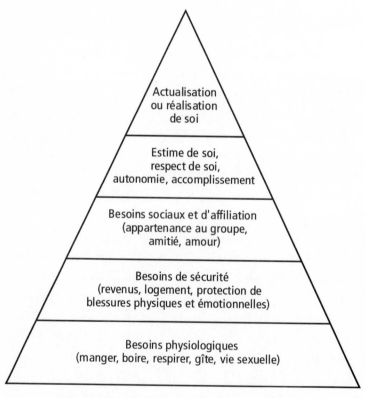

Interprétation libre des besoins fondamentaux,
d'après Abraham Maslow.

Voyons maintenant comment la maladie cœliaque peut affecter nos besoins fondamentaux. Il faut saisir que le cours de la maladie diffère pour chacun en plus d'être en changement constant pour une même personne ; en d'autres mots, on a de bonnes et de mauvaises journées.

En premier, on trouve les besoins physiologiques qui sont axés sur le soutien de la vie, soit la nourriture, l'habillement et le gîte. Tant que ces besoins de base ne seront pas satisfaits, la plus grande activité de la personne se situera probablement à ce niveau. Pour les cœliaques, la nourriture devient souvent un problème, soit d'apprendre ce qui est permis ou non, de se procurer des aliments spécifiques au régime sans gluten ou encore d'accomplir la préparation exigeante qu'elle nécessite. En déployant efforts et bonne volonté, cette étape sera conquise.

Le deuxième niveau de besoins à assumer est celui de la sécurité, incluant la sécurité physique et émotionnelle, un revenu pour veiller à notre confort, et un logement à notre goût. Dépendant de l'état de santé de la personne cœliaque, cette étape peut engendrer quelques préoccupations. Certains cœliaques peuvent poursuivre une routine de vie dite normale, alors que d'autres atteints plus sévèrement doivent laisser tomber leur emploi de façon temporaire ou malheureusement permanente. S'ensuit alors un déficit monétaire pouvant entraîner des conséquences lourdes, comme la perte d'un logement devenu trop dispendieux et souvent un état émotionnel difficile dû à un niveau de stress élevé et déstabilisant. Ce portrait triste et exagéré a pour but de faire comprendre l'influence possible de la maladie cœliaque sur la vie d'un individu. Il est souvent difficile de prendre conscience des changements cauchemardesques découlant d'une maladie, surtout lorsque le traitement connu est aussi simple qu'une diète. Malheureusement, à moins d'un diagnostic rapide, les complications de santé sont réelles et peuvent conduire à un changement dramatique de style de vie.

Le troisième niveau de l'échelle est comblé par les besoins sociaux et d'appartenance, incluant l'amitié et l'amour. Bien qu'ils ne posent pas de problème chez certains cœliaques, leur impact réel est proportionnel à la gravité de la condition de santé, à l'ouverture d'esprit des proches et même à sa propre acceptation de la maladie. Beaucoup de gens continuent de sortir avec des amis aux restaurants et de participer aux fêtes familiales tout en respectant leur diète sans gluten, alors que d'autres admettront avoir graduellement coupé tous liens extérieurs car ils trouvaient trop difficile d'essayer d'intégrer leurs besoins spéciaux à une vie sociale. D'autres encore confient à regret que même les membres de leur famille proche trouvent compliqué de les inviter à partager les repas de famille.

Comme vous commencez sans doute à le comprendre, il est difficile de grimper l'échelle des besoins vers l'estime de soi quand les besoins sous-jacents sont plus ou moins contentés. La plupart des gens ressentent le besoin d'une estime qui soit fondée solidement sur la réalité, soit un besoin d'être reconnu et respecté par les autres. La satisfaction de ce besoin produit des sentiments de confiance en soi, de prestige et de contrôle de soi. Il est plutôt difficile de penser exercer un certain effet sur son milieu alors qu'on maîtrise difficilement sa propre santé.

Selon l'expression de Maslow, la réalisation de soi se définit par la phrase : « Ce qu'un homme peut être, il doit le devenir. » Alors que tous nos besoins principaux sont satisfaits, arrive le moment de choisir nos occupations selon nos goûts personnels. Que ce soit par la musique, l'écriture ou le voyage, l'actualisation de soi est le summum visé. Bien que la route risque de sembler plus longue pour un cœliaque en voie de comprendre sa maladie et d'apprendre à vivre avec ses implications, cela n'exclut aucunement la possibilité d'atteindre le but convoité.

Il est connu que lorsqu'un événement sérieux vient marquer notre vie, un processus de deuil s'ensuit. Quand, du jour au lendemain, on obtient un diagnostic d'une maladie à vie, même si elle est facile à traiter, le choc est grand. Chaque personne vit les étapes du deuil différemment et pas nécessairement dans le même ordre. Un cheminement de deuil semblable doit être fait lorsque c'est notre enfant ou un proche qui est diagnostiqué.

Au début, on nie avec véhémence le fait d'avoir la maladie. Durant cette phase, on peut avoir des pensées du genre : « Je suis déjà malade, qu'est-ce qu'un morceau de pizza de plus ou de moins va changer ? »

Tandis que la réalité de la condition s'insinue surviennent la colère et la dépression : « Pourquoi est-ce que ça m'arrive à moi ? » C'est l'étape où l'on prend conscience des changements à apporter à notre style de vie pour y inclure la maladie cœliaque. C'est alors que sortir manger au restaurant ou chez des amis prend une tout autre dimension, causant souvent de l'anxiété.

Finalement vient l'acceptation, où l'on se dit : « Tant qu'à avoir une maladie, aussi bien celle-là, pas de médicaments, pas de piqûres, pas d'hospitalisation, juste un régime ! » À ce point, l'idée d'être soulagé des symptômes désagréables de la maladie cœliaque offre un encouragement suffisant pour accepter sa nouvelle situation.

Certains auront besoin d'un appui moral et psychologique durant la traversée de ces étapes. Partagez vos inquiétudes et vos frustrations avec vos proches, votre médecin, un psychologue, ou encore inscrivez-vous à un groupe d'entraide où vous aurez la possibilité de communiquer avec des gens ayant suivi le même cheminement. Les outils sont là à votre disposition, n'hésitez pas à les utiliser pleinement.

Permettez au diagnostic de la maladie cœliaque de devenir un nouveau point de départ vers la santé et le bien-être.

Chapitre 9

Des témoignages

Les témoignages suivants sont authentiques et sincères. Le but recherché en les incluant dans ce livre n'est pas que les gens s'apitoient sur le sort des cœliaques. Bien au contraire, l'objectif visé par la lecture de ces quelques pages est d'aider notre entourage à mieux connaître les symptômes de la maladie ainsi que ses conséquences réelles, ce qui amènera une plus grande compréhension et jettera peut-être même un souffle d'espoir sur la personne atteinte. Ces témoignages veulent aussi démontrer que malgré une longue souffrance, lorsque le diagnostic est établi, la vie peut reprendre son cours de façon heureuse et gratifiante. Je tiens à remercier chaleureusement les personnes qui ont accepté de témoigner de leurs expériences personnelles et familiales.

Corentin

Nous avons découvert la maladie cœliaque de mon fils Corentin, maintenant âgé de quatre ans et demi, au courant du mois de novembre 2001. Les premiers symptômes sont apparus dès sa naissance, il vomissait tous ses biberons. C'était un tout petit bébé né avec cinq semaines d'avance. Il a été nourri par perfusion au début de sa vie et, dès que nous avons commencé à lui donner le biberon, il a refusé cette alimentation ; puis, petit à petit, il a commencé à l'accepter mais, 10 minutes après, il vomissait. Le pédiatre a pensé que ce lait ne lui convenait pas, nous avons donc changé de sorte. Il n'a pris que du lait jusqu'à un an, je n'ai pas donc introduit les céréales avant ce moment-là.

C'est quand nous avons passé à l'alimentation variée que sa courbe de poids a chuté ; il refusait tout aliment à base de lait et, chaque fois qu'il mangeait du fromage, un yogourt ou des gâteaux à base de lait (mais contenant aussi du gluten), il avait la diarrhée. Pensant qu'il y était allergique, nous avons supprimé tous les laitages ! Ç'a duré trois ans avant qu'on lui fasse des tests sanguins pour déceler l'allergie au lait et des cuti-réactions ; les résultats ont été négatifs. Ç'a duré encore un an entre la diarrhée et les vomissements.

En novembre 2001, il a contracté une gastroentérite très persistante. Le médecin constatant une courbe de poids « anormale » s'est enfin décidé à lui faire passer les tests pour l'intolérance au gluten. Je dois dire que le pédiatre n'a pas pensé à faire ces tests plus tôt malgré les fréquentes gastroentérites de Corentin. Quel dommage ! Les résultats de la prise de sang n'étaient pas tous positifs, seuls les anticorps anti-gliadine étaient largement positifs, soit à 138 unités alors que le taux normal est de 45 unités. Une biopsie du petit intestin a été pratiquée le 11 décembre 2001. Les résultats étaient négatifs, mais pour confirmer il fallait refaire une autre biopsie, car il semblait que le prélèvement n'avait pas été fait sur la bonne partie de l'intestin.

Depuis janvier 2002, Corentin suit donc un régime sans gluten. Son état de santé s'est amélioré sans prise de poids remarquable. C'est un enfant qui accepte sa maladie sans trop se plaindre, mais il reste très fragile. Dernièrement, il a de nouveau eu une gastroentérite ; les vomissements sont revenus et les maux de ventre aussi ! Ce n'est pas facile à gérer, son caractère est très difficile, il est très possessif, et il n'a pas de contact avec les enfants de son âge car il ne va plus à l'école – c'est très dur, mais il faut éviter les maladies : le pédiatre me conseille de le garder à la maison.

Le pédiatre envisage la réintroduction du gluten dans un an, mais je ne crois pas que j'accepterai car je constate que le moindre écart est impardonnable. À un moment donné, j'ai lu sur la liste des aliments offerte par l'Association de la maladie cœliaque que le jambon cru ne contenait pas de gluten. Erreur ! Après en avoir mangé, Corentin a à nouveau souffert de diarrhée, donc aucune erreur n'est permise d'autant plus que son poids est faible, à 14,2 kg pour 105 cm, alors qu'il devrait peser environ 18 kilos.

Pour nous, les parents, ce n'est pas facile ; il faut toujours faire attention à ce que mange notre fils, il faut savoir lui dire non quand il voit un bon gâteau au chocolat. Toute la famille fait attention de ne pas lui faire envie. Son caractère n'est pas facile ! C'est dur ! Quand il va bien, nous avons un bon moral, mais dès qu'il a mal au ventre, nous nous disons que c'est tout de même une maladie. L'entourage ne comprend pas toujours. Les membres de la famille pensent que le fait de suivre le régime, c'est gagné, que ce n'est qu'une maladie sans gravité, qu'il y a pire. Pour ceux qui n'y sont pas confrontés chaque jour, c'est facile à dire ! C'est un régime très contraignant, rien ne doit le tenter, ne serait-ce une miette de pain ! Nous achetons les aliments sans gluten dans une boutique spécialisée. Seule sa santé compte !

— *Sylvie, maman de Corentin*

Henri Roger

Étant né sous le régime de Duplessis, je me suis retrouvé dès ma naissance à la Crèche d'Youville, faisant la navette entre l'Hôpital Sainte-Justine et la Crèche. Le médecin diagnostiqua un dolicho-mégasigmoïde et mégacôlon. Il me donna une diète sévère, ce qui n'améliora pas ma santé. C'est à l'âge de six ans et demi qu'une famille m'accueillit en foyer nourricier, mais malheureusement, étant trop faible, je ne pouvais courir, sauter et jouer comme tous les enfants normaux. J'étais réfractaire au lait, et tout ce qu'on me donnait à manger passait tout droit. Il y a eu un retard considérable dans ma croissance.

Quand j'avais entre l'âge de 6 et 12 ans, ma mère adoptive était découragée. Elle se levait la nuit pour me donner certains médicaments contre la diarrhée et les maux de ventre, et je passais des nuits blanches à me lever en vitesse pour aller au petit coin. Le lendemain, je retournais à l'école, mais quelquefois j'étais tellement malade que je restais à la maison à cause de faiblesse générale, ce qui m'a valu de reprendre ma deuxième année. À l'âge de six ans, je mesurais 33 pouces et je pesais 33 livres. Eh oui! vous avez bien lu. Même le médecin était stupéfait. Il me traitait pour une intolérance au lait et pour le système nerveux. J'avais beaucoup de difficulté à marcher; ma mère me prenait dans ses bras pour me monter au deuxième étage. Quand je voyais les jeunes enfants de mon âge marcher et courir, je me rendais compte qu'il y avait quelque chose de pas normal. Les adultes autour de moi, ainsi que la famille immédiate, disaient à ma mère adoptive, qui était une infirmière diplômée : « Comment se fait-il que tu as pris en foyer nourricier cet enfant-là? Tu aurais dû le laisser là d'où il venait, tu ne feras jamais rien de bien avec ce petit-là!» J'ai même été traité d'attardé par un professeur d'école, je me sentais humilié, dégradé vis-à-vis de tout ce monde qui ne comprenait absolument rien. J'éprouvais donc un sentiment d'infériorité et un manque de confiance en moi; j'avais peur de tout, j'étais incapable de foncer. Je dois la vie et la santé à cette mère qui a fait fi de tous ces gens, en m'adoptant quand même à la mort de son mari, c'est-à-dire quand j'avais 12 ans. Même si la maladie n'était pas encore diagnostiquée, la présence de ma mère, sa patience et son affection apaisaient beaucoup mes douleurs physiques et morales.

J'étais souvent absent de l'école durant la première année du secondaire. J'avais 14 ans et j'étais toujours aussi malade : diarrhée, vomissements, maux de tête, douleurs aux jambes, faiblesse générale. En plus, j'ai souffert d'une fracture du bras à ce moment-là. Durant les fins de semaine, je travaillais comme emballeur. Toujours malade, j'ai fini par passer mon secondaire de peine et de misère. À l'âge de 19 ans, je me suis enrôlé dans la Défense nationale pour un terme de 3 ans, tout en suivant mes études. Pendant quatre ans, on aurait dit que j'étais en rémission, j'étais passablement bien, juste quelques diarrhées et faiblesses. Lors d'une mission à l'étranger pour l'employeur, voilà que la satanée maladie a recommencé de plus belle. Je suis donc revenu au Canada pour me faire soigner, mais en vain. Au cours des années, j'ai continué à travailler et à étudier tout en étant hanté par cette maladie sans nom. Un jour, au travail, alors que je soulevais une boîte d'approximativement 25 livres (poids qu'un enfant de 12 ans aurait pu soulever avec aisance), je l'ai échappée. C'est là que j'ai compris que mon état de santé se détériorait rapidement, surtout que je pesais seulement 95 livres. Après cet incident, j'ai demandé à mon patron un congé pour consulter un gastroentérologue.

Le médecin m'a examiné et posé quelques questions concernant mes symptômes, mon comportement et mon état de santé général. Il a décidé de m'hospitaliser une semaine pour me faire subir tous les examens de routine. À la suite de divers examens, dont prises de sang, gastroscopie, endoscopie et rectoscopie, il en arriva à un diagnostic, soit l'entéropathie sévère au gluten. Étant convaincu que je souffrais d'un cancer généralisé, j'eus l'impression que deux tonnes de pression s'étaient envolées. La diététicienne passa me voir pour me dire que j'avais simplement à suivre à vie un régime sévère et me souhaita bonne chance. Avec le temps, j'ai découvert que je réagis fortement à la farine en suspension dans l'air et à toutes les odeurs de pâtisserie et de cuisine de restaurant, au point que cela peut déclencher les symptômes d'une crise cœliaque. Dans le temps de le dire, je deviens agressif, le mal de tête et de ventre apparaît, l'anxiété me tenaille, même mon acuité visuelle est diminuée. Il arrive même que je doive demander de l'aide, n'étant plus en état de conduire ma voiture pour le retour. L'humiliation et le découragement font aussi partie de cette maladie.

Peu avant d'être diagnostiqué, vers l'âge de 33 ans, j'ai vécu une expérience néfaste pour moi. J'étais fatigué de cette fameuse maladie. Un jour, ma tante qui était infirmière-chef dans un centre hospitalier me fit consulter un médecin généraliste tout en lui mentionnant que j'étais un sujet nerveux, anxieux et agressif. Le médecin en question me donna une prescription de Valium et, pour couronner le tout, ajouta de l'opium camphre tanin pour essayer de soulager les éternelles diarrhées. J'ai pris ce médicament pendant un an. Laissez-moi vous dire que j'étais calmé, indolent même. À ce moment, je travaillais au gouvernement. Mon employeur se rendit compte que quelque chose était anormal chez moi. Je ne donnais plus un bon rendement, et je me foutais de tout. Mon patron me donna congé avec solde pour une semaine afin de me permettre de me désintoxiquer de ce médicament. À noter que ce médicament n'a eu aucun effet sur la maladie, qui était encore inconnue ! Ça n'a pas été facile de me débarrasser des effets secondaires de ce médicament ; en peu de mots, j'en ai bavé et sué un coup. Seule ma mère adoptive m'a épaulé car mon caractère était fort désagréable, j'étais aigri de la vie, découragé et j'ai même pensé au suicide. J'ai prié pour de l'aide à vaincre cette maladie afin de pouvoir affronter la vie et mordre dedans, et aussi pour une compagne qui me prendrait tel que j'étais. À l'âge de 36 ans, je me suis marié, et c'est à l'âge de 38 ans que j'ai reçu le diagnostic de cette fameuse maladie.

En résumé, j'ai été diagnostiqué comme cœliaque sévère, puis en 1999 s'ajouta l'ostéopénie du rachis avec risque de fracture, accompagné de reflux gastrique et œsophagite.

Témoignage de Linda, épouse de Roger

C'est en 1983 que j'ai vu Roger pour la première fois : il était tout maigre, pas très grand, avec les cheveux noirs. Il m'a lancé tout de suite : « Je tiens à te dire une chose, je suis malade, je ne sais pas ce que j'ai et les médecins ne trouvent rien. Je mange et je ne garde rien. Je t'ai tout dit, à toi de décider si tu veux me revoir. » Après six mois de fréquentations, nous nous sommes mariés. En plus des autres symptômes, il avait les pieds enflés, il était épuisé et disait avoir des selles blanches. Le médecin lui donna de la vitamine B_{12}. Il mangeait normalement mais maigrissait toujours. J'étais estomaquée par la quantité de nourriture que pouvait engouffrer ce petit homme. Au début de 1985, rien n'allait plus. Roger était devenu agressif, il savait qu'il n'allait pas bien du tout. C'est alors qu'il a finalement reçu son diagnostic. Il a suivi la diète et il y a eu beaucoup d'amélioration, mais la diarrhée persistait, ainsi que la fatigue. C'est à ce moment qu'on s'est joint à la Fondation de la maladie cœliaque. La liste des aliments à ne pas consommer était encore plus longue. Pour tout dire, je ne l'acceptais pas, tout était devenu très compliqué. Une simple diète virait au cauchemar. Je ne sais pas combien de temps ça m'a pris pour comprendre la gravité de la situation. Cuisiner sans gluten, c'était l'enfer. Ça fait 18 ans et, souvent, je ne réussis pas à lui faire des bons gâteaux. Quant au pain, je le fais moi-même à son goût. Si Roger ingère du gluten par mégarde, il devient très tendu, rien ne fonctionne comme il veut, puis les symptômes habituels se déclenchent. Nous menons une vie très normale. Aujourd'hui, il est presque en parfaite santé et encore plus énergique que moi.

Stéphane, 16 ans, fils de Roger

J'ai toujours su que mon père était malade depuis que j'étais bébé. Plus jeune, je voyais bien que mon père ne mangeait pas comme nous, mais je ne posais pas de questions. En vieillissant, j'ai appris à apprivoiser sa maladie. Je sais bien que ce n'est pas très amusant pour lui de nous voir manger, par exemple, de la pizza. Maintenant, j'en connais beaucoup sur sa maladie et je l'aide souvent en lui disant : « Fais attention papa, il y a du blé dans ce produit. » J'ai souvent vu mon père malade parce qu'il venait de prendre quelque chose qu'il ne devait pas manger. J'ai beaucoup de compassion envers lui et je ne le rejette pas pour sa maladie.

Sylvain, 12 ans, fils de Roger

Je surveille souvent les ingrédients pour mon père, surtout lorsque nous mangeons des chips ou d'autres aliments. Ça ne me dérange pas du tout qu'il ait la maladie cœliaque, car cela ne se remarque pas quand on le regarde. Quand il a triché par inadvertance, il devient plus agressif envers nous. Alors, il ne faut pas l'ennuyer ni le contredire. Il faut attendre quelques jours afin qu'il se rétablisse. Malgré tout, il est très gentil quand même.

Roger poursuit...

Remarquez que j'ai eu de bons moments, mais cette maladie refaisait toujours surface. J'étais incapable de manger comme tout le monde, de faire comme tout le monde, en plus d'un retard considérable de croissance et autres. Excusez l'expression, mais « malade comme un chien » résume bien la situation. Aujourd'hui, je ne suis pas grand et pas gros, mais je suis tout là. Je suis bien marié à une femme en or qui a su me comprendre et m'aider à respecter mon régime très sévère. Du côté de la parenté, ç'a été très difficile de me faire accepter, j'ai même été rejeté, car ma diète était trop compliquée à suivre. J'ai perdu tous mes amis en raison de mon incapacité de faire comme tous les autres, d'aller au restaurant ou de prendre une bière entre amis. Lorsque je suis invité chez la parenté ou des amis, j'apporte mes aliments sans gluten, mais ce n'est pas tout le monde qui apprécie ce genre de chose. Pourtant, il y va de ma santé, et non de celle des autres.

Aujourd'hui, à 55 ans, 5 pieds 4 pouces, je pèse entre 125 et 140 livres dépendant de la saison et je vis avec une maladie cœliaque très sévère, donc, il n'y a pas de folies à faire. Tricher entraînerait des désagréments désastreux pour ma santé. Je connais encore des complications, comme un reflux gastrique qui peut mener à une œso-phagite, et une ostéopénie avancée qui ne s'améliore pas, même avec les médicaments. Je continue de suivre ma diète et de prendre les médicaments conseillés tout en étant suivi par une gastroentérologue. Ces cinq dernières années, je n'ai pas eu de crises graves. Je sais que les recherches sur la maladie cœliaque se poursuivent. Même si pour le moment tout va bien du côté de la maladie, j'aimerais bien pouvoir un jour manger comme tout le monde. Je garde toujours espoir que les recherches puissent en arriver à de bons résultats.

– Henri Roger

Emily

D'aussi loin que je puisse me souvenir, chaque fois que je mangeais du gruau d'avoine ou de l'orge, je me sentais malade sur-le-champ. À cinq ou six ans, l'enfant que j'étais ne connaissait pas grand-chose aux allergies, et mes parents non plus. Ceci continua durant des années, et je me sentais toujours malade.

Plus tard, lorsque je mentionnais la chose au médecin, insistant sur l'anxiété et la fatigue, sa réponse courante était que j'étais sûrement un peu dépressive, alors il me faisait une ordonnance pour des antidépresseurs. La première fois, je devais avoir autour de 18 ans. J'ai eu droit à un mois de congé, car il pensait que le travail me stressait et que c'était la cause de ma dépression. Ces pilules m'aidaient à me sentir un peu mieux, mais après peu de temps je recommençais à me sentir abattue et déprimée. Je ne peux me rappeler combien de fois j'ai dû prendre des antidépresseurs, mais certainement sept ou huit fois.

À un moment donné, les maux de tête et les problèmes d'intestins ont commencé. Je devais m'assurer d'être toujours proche d'une salle de bain. Je ne me souviens plus exactement quand les maux de tête ont débuté, mais je sais qu'à 27 ans, lors de ma dernière grossesse, j'en avais parlé au médecin. Il m'avait répondu que je me sentirais mieux avec l'arrivée du bébé. Pourtant, c'est quand j'étais enceinte que je me sentais le mieux. C'est vers 1984 que j'ai passé un EEG (électroencéphalogramme) et un *scan* du cerveau (scanographie), tout en étant certaine que là ne se situait pas mon problème.

Je me suis demandé si ça pouvait être une allergie, mais le médecin n'a pas réagi. Un autre a finalement consenti à m'envoyer voir un spécialiste des allergies. Ce dernier m'a dit que je souffrais peut-être d'une allergie au poulet. Au poulet! Alors j'ai évité le poulet pour un long moment, mais les maux de tête et la diarrhée ont persisté.

Tout ce temps, je me sentais de pire en pire, pensant que la vie ne valait pas la peine d'être vécue et que ce serait une bonne chose si je pouvais seulement mourir (penser à la mort semblait bien normal pour moi).

Je me suis mise à consulter des livres de santé, fouillant tous les ouvrages que je pouvais trouver. J'en ai appris sur quelques maladies dont la description correspondait à comment je me sentais. La maladie de Crohn? La maladie cœliaque?

Concernant la maladie cœliaque, mon médecin m'a dit : « Oh non! Vous êtes bien trop grasse pour ça. J'ai des patients cœliaques et ils sont tous maigres. » J'étais tellement déprimée et fatiguée d'être malade, je ne savais plus où me tourner. De plus, j'avais des rougeurs avec des démangeaisons persistantes, que rien ne semblait aider. C'était en 1991 ou 1992. Ce n'est que bien plus tard que j'ai appris par la Fondation de la maladie cœliaque que si on a une intolérance au blé et des rougeurs, il y a grand risque qu'on ait la maladie cœliaque.

Comme je me doutais que je souffrais d'une intolérance au blé, j'avais arrêté de manger du pain, je faisais attention au blé, mais je ne savais pas qu'il y en avait dans tout ce qu'on mange… même dans la crème glacée. Et je ne savais pas encore que je ne tolérais pas les produits laitiers.

J'ai finalement été testée pour la maladie cœliaque à deux reprises par deux médecins différents, même si je leur ai dit que je ne mangeais plus de blé depuis deux ans, donc que le résultat serait négatif. Un médecin m'a répondu que si j'avais la maladie cœliaque, il le découvrirait. Selon la Fondation de la maladie cœliaque, ce n'est pas le cas. Les tests ont été négatifs.

Au cours de l'année 1992, j'ai subi un lavement baryté et deux coloscopies. La raison était que j'avais beaucoup de mucus dans mes selles, et j'insistais que ce n'était pas normal. On a trouvé des polypes non cancéreux, mais aucune explication au sujet du mucus. Le médecin (en Ontario, à ce moment-là) voulait me voir toutes les 6 à 12 semaines. À un moment donné, il m'a dit que j'aurais peut-être besoin d'un psychiatre ! J'ai eu deux autres coloscopies plus tard, après mon déménagement. Maintenant, le médecin veut me faire une coloscopie tous les six mois, mais j'ai décidé que je n'ai pas besoin de cette aggravation.

À l'âge de 63 ans, je suis déménagée au Nouveau-Brunswick. J'ai vu l'affiche devant la maison de Gisèle Frenette et j'ai décidé de faire une tentative du côté de la santé naturelle. Qu'est-ce que j'avais à perdre ? Eh bien ! moins d'une semaine après ma visite chez Gisèle, je me sentais déjà beaucoup mieux. Gisèle me suggéra la probabilité d'une intolérance au blé et aux autres grains contenant du gluten, aux produits laitiers et au maïs.

Quel changement dans ma vie ! De pouvoir me lever le matin sans maux de tête et d'être heureuse d'être en vie. Plus de dépression. Je ressens encore des douleurs lorsque je reste sans bouger un certain temps, de l'arthrite peut-être. Cette douleur aux jointures est loin d'être récente, je me souviens qu'au début des années 80 j'avais déjà de la difficulté à descendre l'escalier le matin.

Depuis deux ans, je suis membre de la Fondation de la maladie cœliaque, et on m'y aide grandement avec des conseils de nutrition. Je me traite comme si je souffrais de la maladie cœliaque, même si je ne serai jamais diagnostiquée comme tel. Aussi longtemps que je reste loin du gluten, je me sens bien. Quand je pense à la qualité de ma vie maintenant, quelle différence... J'aurais aimé rencontrer Gisèle bien avant. Merci, Gisèle.

— *Emily Phillip*

Simon

Je me présente, je suis Julie, maman de Simon, cinq ans, autiste, ainsi que la sœur de Sébastien, 24 ans, également autiste. J'ai eu mon petit Simon, mon premier enfant, à l'âge de 24 ans. Ma grossesse s'est déroulée sans problème, mon accouchement a été provoqué et l'aide d'une ventouse a été nécessaire pour sortir Simon. En gros, le travail a été normal, d'une durée de 12 heures. Je me souviens très bien de mon premier regard sur Simon. Il ne pleurait pas, il reposait sur mon ventre et semblait me regarder avec ses petits yeux. Il avait l'air d'un bébé normal, il buvait bien au sein, il pleurait normalement, il souriait, il aimait se faire prendre et il avait de beaux yeux vivants.

Son développement s'est déroulé normalement jusqu'à l'âge de 15 mois, soit un mois après son vaccin RRO. C'est alors qu'il s'est mis à hurler la nuit, à crier pour toutes ses demandes, etc. Avant ce vaccin, il avait quelques comportements dérangeants, comme quelques battements de mains lorsqu'il était content et une quasi-absence de langage, mais rien de plus significatif. C'est comme si le vaccin avait déclenché le pire. Après quelques mois de négation, j'ai fait des démarches pour au bout du compte obtenir un diagnostic de « troubles envahissants du développement », ou TED ; dans le domaine de l'autisme, on parle d'autisme léger. Le lendemain, je commençais mes recherches. Ma mère m'a donné toutes les revues publiées par les différentes associations autistiques, on y parlait de Lovaas ; je contactai donc une psychologue spécialisée en analyse comportementale appliquée (ABA), un programme de stimulation pour les autistes.

Mes recherches ont continué. J'ai découvert que certains symptômes de l'autisme seraient liés à des causes biologiques ; il était question entre autres de problèmes intestinaux, de *Candida albicans* et d'intolérances alimentaires. On mentionnait aussi que la vitaminothérapie aidait sur bien des aspects. On parlait de la diète sans gluten et sans produits laitiers ; j'ai donc fait des recherches sur le gluten pour découvrir que c'est une composante du blé et de plusieurs autres céréales. Je me suis dit qu'il y a du gluten un peu partout. J'étais prête à tout, alors j'ai couru acheter des produits sans gluten, ainsi que du lait de soya pour remplacer le lait de vache. J'ai aussi, je dois le mentionner, acheté plusieurs vitamines : B_6 et magnésium, acide folique, vitamine C, j'ai aussi commandé du DMG (dimethyglycine). On a également éliminé le sucre de l'alimentation de mon fils.

Quelques jours après avoir entrepris le régime ainsi que la vitaminothérapie, Simon, qui était si souvent fâché, est devenu beaucoup plus joyeux, plus sociable, il faisait « bye-bye » aux gens de façon adéquate et était plus présent. J'étais certaine que Simon avait aussi des problèmes intestinaux ainsi que du candida. Il avait des selles très molles, trop molles, pas de diarrhée mais pas très loin, des maux de ventre probablement, des maux de tête aussi, j'en suis certaine. J'ai donc contacté une naturopathe. Simon avait bel et bien du candida et ses intestins étaient perméables. Habituellement, des intestins en santé sont imperméables, ils ne laissent donc aucune molécule de nourriture s'échapper. Lorsqu'ils sont perméables, ils laissent des molécules passer et celles-ci se retrouvent dans le sang. Ces molécules étrangères au corps ainsi qu'au cerveau agissent un peu comme une drogue, disons que le cerveau les perçoit ainsi ; c'est ce qui peut expliquer certains comportements bizarres chez les personnes autistes. Simon est suivi depuis un an et demi par une naturopathe et suit le régime sans gluten depuis deux ans. Il a reçu plusieurs traitements, dont celui contre les métaux lourds, et ses intestins sont désormais comme neufs. Mais encore, lors d'écarts à sa diète, autant avec le gluten que la caséine, Simon paraît drogué et n'est pas présent du tout. Il devient plus colérique, il dort moins bien la nuit et ses selles sont un peu plus molles.

Je considère que le régime sans gluten a contribué énormément aux beaux progrès de Simon et que sans lui il n'en serait pas là. Simon est un enfant très agréable à vivre et très joyeux. Il dort bien la nuit, contrairement aux terribles terreurs nocturnes auxquelles j'avais droit toutes les nuits. Plus ses problèmes d'intestins et de candida ont diminué, mieux il a dormi la nuit. Il écoute très bien, il est très attentif à ce qui se passe autour de lui. Le plus agréable, c'est de le voir s'amuser avec sa petite sœur de trois ans, ils rient beaucoup ensemble.

Il répond très bien à la thérapie ABA, et il est très fort à l'ordinateur. Malgré le fait que Simon ne parle pas beaucoup, le PEP-R (test pour mesurer le niveau de développement des autistes) a démontré que son retard de développement était léger par rapport à son âge. Il a aussi passé un test de quotient intellectuel qui révèle une intelligence dans la moyenne basse, donc pas de déficience intellectuelle. Lorsque je vous fais part de toutes les améliorations chez Simon, je me base sur les commentaires de tous les intervenants qui gravitent autour de lui. Alors oui, tous trouvent que Simon fait de beaux progrès. Tous s'acharnent sur le langage, ils veulent qu'il parle. La plupart prétendent que si Simon réussit à s'exprimer verbalement, son autisme ne sera que très peu présent, qu'il aura les possibilités d'un petit garçon normal ou presque.

– Julie Gélinas, maman de Simon

Gisèle

Mon premier souvenir de symptômes anormaux remonte à l'âge de 14 ans quand, beaucoup plus souvent que normal, j'étais atteinte de diarrhée. Sachant aujourd'hui qu'il existe un facteur déclenchant à la maladie cœliaque, je puis reconnaître l'existence d'un tel facteur en la mort d'un proche.

Après plusieurs sessions diarrhéiques pénibles et douloureuses, de même que quelques rencontres médicales, j'exclus les produits laitiers de mon alimentation.

Plusieurs années passent, traînant toujours des troubles intestinaux, des troubles gastriques souvent sous forme de brûlures d'estomac et de gonflements, accompagnés d'une éternelle fatigue. Malgré tout, j'arrive à terminer mes études en soins infirmiers, à me marier et à avoir deux enfants. À ma première grossesse, la réintroduction des produits laitiers dans ma diète fut de courte durée. Pour m'assurer le calcium nécessaire, je choisis un lait de soya fortifié, mieux toléré. Phénomène inexpliqué, les symptômes intestinaux étaient bien moindres durant les grossesses, sans aucun changement au régime, mais revenaient en force peu après les accouchements.

Pour éviter les « crises » de diarrhée, j'enlevais graduellement certains aliments de mon régime, en commençant par les épices, les aliments acides tels que les tomates et les oranges, puis les légumes fibreux comme le brocoli, la laitue et le chou, de même que l'orge. Sans m'en rendre compte, ces restrictions m'amenaient à consommer plus de pain et de pâtes, car j'avais un très grand appétit.

Vers l'âge de 26 ans, après une période de troubles intestinaux particulièrement difficile et une perte de poids de près de 25 lb (je pesais 110 lb pour 5 pi 8 1/2 po), on m'envoya voir un gastroentérologue de grande réputation. Il m'admit à l'hôpital pour 10 jours de tests médicaux, tests souvent inconfortables pour ne pas dire pénibles. Il voulait éliminer les diagnostics de cancer, de colite et de la maladie « cœliaque-sprue ». Allégée de quelques livres, très affaiblie, je suis retournée chez moi avec un diagnostic frustrant d'intestin irritable aggravé par le stress. Soulagée de ne pas avoir une maladie grave, je me demandais bien de quel stress il s'agissait, si ce n'était celui des crises de diarrhée, longues et affaiblissantes. J'avais alors une vie calme, deux enfants faciles, je travaillais à mi-temps par choix; une vie d'ailleurs enviée par plusieurs amies. De retour à la maison, j'ai repris ma diète habituelle riche en pain et en pâtes alimentaires, mes grands favoris.

Vers l'âge de 33 ans, lors d'une période plus active et plus stressante, incluant un déménagement, des heures de travail allongées, de nombreuses activités extérieures et la vie mouvementée de toute mère d'adolescentes, voilà que la situation empira. Les diarrhées apparaissaient presque quotidiennement, une fatigue accaparante m'étreignait et j'éprouvais des réactions alimentaires de plus en plus nombreuses, accompagnées de nervosité et d'anxiété. Ayant perdu confiance en la médecine allopathique, je me suis dirigée vers la naturopathie.

Le naturopathe consulté était aussi médecin, ce qui me mit en confiance. Forte d'une liste de vitamines et minéraux à prendre et d'une diète d'élimination, j'étais prête à repartir de zéro. La diète végétarienne consistait en du riz brun accompagné d'une sorte de légume par jour, avec l'ajout d'un nouveau légume aux quatre jours, pour permettre l'identification des aliments allergènes. La diarrhée diminua en intensité, sans toutefois disparaître, mais j'étais tellement affaiblie que j'ai dû m'absenter du travail encore une fois. Tout ce qui n'était pas absolument nécessaire au bien-être de mes enfants a été rayé de ma liste d'activités, de plus en plus restreinte. J'étais un peu mieux, mais je ne progressais pas. C'est à cette époque que j'ai eu des pneumonies quelques hivers d'affilée, et comme je tolérais mal les antibiotiques, la remontée était longue.

Lors d'une visite dans un magasin de produits naturels, on me conseilla de contacter une naturothérapeute. Après une conversation téléphonique avec celle-ci, j'ai éliminé de mon régime tout blé, sucre, produit laitier (c'était déjà fait) et levure. En l'espace de trois semaines, les diarrhées ont disparu et la fatigue a diminué. L'espoir revenait. Après trois mois je retournais travailler comme infirmière, et encore trois mois plus tard j'entreprenais des études en naturopathie qui allaient se poursuivre plusieurs années. Peu de temps après, j'ouvrais une clinique en santé naturelle. Je prenais alors plusieurs suppléments naturels pour favoriser la guérison de mon intestin et pour revigorer mon système immunitaire affaibli. Après un an et demi à deux ans de ce régime, j'étais méconnaissable. Je tenais deux emplois car la clinique fut un succès immédiat, je voyageais constamment pour les études, j'étudiais à chaque moment libre, je pratiquais la marche tous les jours, et surtout je suivais la diète de façon irréprochable. Mon poids avait augmenté jusqu'à 135 livres, poids idéal pour ma taille. Je me considérais intolérante aux aliments mentionnés précédemment. La vie était fabuleuse.

C'est alors que je fis la découverte de la farine d'épeautre. Consciente que l'épeautre contenait du gluten, mais confiante que je ne souffrais non pas de la maladie cœliaque (le docteur me l'avait confirmé) mais plutôt d'une intolérance au blé, j'inclus l'épeautre à ma diète. Merveille, je le tolérais! Je me fabriquais de succulents biscuits chauds pour les déjeuners. Tout allait bien. L'année d'après, je découvris le pain d'épeautre au levain et les pâtes d'épeautre, ce qui augmenta ma portion quotidienne de cette céréale de façon spectaculaire.

J'ai commencé à être plus fatiguée et à souffrir de petites diarrhées occasionnelles, mais sans crampes pénibles comme avant. Constatant que mes nombreuses activités avaient escaladé d'une façon insensée, j'ai décidé de démissionner de mon poste d'infirmière et de diminuer mes activités extérieures, telles que les conférences et les salons de santé.

Les événements se succédaient sans fin : un cancer chez mon père, les tumultes de la vie d'adolescents, les voyages d'études, la fatigue de plus en plus présente à laquelle s'ajoutait graduellement l'anxiété et une sensation de déprime difficile à tasser. Un divorce et quelques autres incidents suffirent à m'obliger à m'absenter du travail et à m'aliter pendant plusieurs mois. La dépression était devenue majeure, l'anxiété constante, la douleur au dos et aux muscles insupportable, la diarrhée allait et venait, mais pire, la fatigue était si intense que la simple idée de me lever du lit m'épuisait. Ainsi commencèrent trois années d'enfer. J'ai vite compris que la farine d'épeautre aggravait la diarrhée et je l'ai éliminée de ma diète, mais sans soulagement immédiat. Le dommage était fait. J'avais d'ailleurs remarqué sans m'y être attardé quelques symptômes de malabsorption de nutriments, tels que les os qui avaient recommencé à craquer au mouvement, du gras et du mucus dans les selles, des taches sur les ongles, un peu d'acné, etc.

C'est après coup, en regardant en arrière, que je vois le chemin que j'ai suivi. L'introduction de la farine d'épeautre et de quelques tricheries à l'occasion (après tout, je me sentais bien, alors pourquoi pas une gâterie occasionnelle ?) ont sûrement mené à cette dégradation incroyable de ma santé. Affublée de diagnostics inquiétants tels que la fibromyalgie, la dépression et les crises d'anxiété, ma vie était devenue un cauchemar. L'anxiété devenait omniprésente, tandis que des symptômes bizarres surgissaient chaque jour : étourdissements, insomnie alors que j'étais si fatiguée, démangeaisons, douleurs aux jointures des mains sans parler des douleurs constantes au dos, faiblesse des muscles, intolérance aux aliments et aux suppléments nutritionnels qui pourtant m'avaient tellement aidée les dernières années, difficulté marquée en présence d'odeurs fortes… De femme active, débordante de joie de vivre et d'optimisme, j'étais devenue une femme affaiblie, anxieuse mais plus déterminée que jamais à s'en sortir. Je refusais catégoriquement de devenir une statistique.

Si j'ai raconté mon histoire, c'est pour montrer l'importance d'un diagnostic précoce de la maladie cœliaque. Ayant été assurée que je n'en souffrais pas par un gastroentérologue reconnu, je n'ai pas cherché à en savoir plus malgré mes connaissances en santé. Là fut mon erreur. Même sans diagnostic formel de la maladie cœliaque, je suis aujourd'hui convaincue que j'en souffre. Tout écart à la diète sans gluten est suivi de symptômes immanquables.

C'est deux ans plus tard que j'écris ce livre et ce témoignage. Ayant quitté ma ville natale pour suivre mon cœur et profité de presque deux ans de vacances, tout est alors devenu plus clair. Depuis l'exclusion absolue du gluten de mon alimentation, la vie semble plus facile. Peu à peu, tout reprend sa place, le cheminement en cours va se poursuivre, et tout laisse croire que le meilleur est à venir.

— *Gisèle Frenette, été 2002*

Conclusion

À n'en pas douter, le besoin d'une détection plus efficace de la maladie cœliaque se fait pressant. Pour éviter tout un amalgame de troubles tant physiques et mentaux qu'émotionnels, l'éducation demeure l'outil de premier choix. Qu'il s'agisse du monde médical (médecins, diététiciennes), de la famille, des amis ou de tous les gens qui composent l'entourage quotidien, il est grand temps qu'on accepte la maladie cœliaque comme une maladie auto-immune importante avec des séquelles inconfortables et non négligeables, et ce, malgré son traitement à première vue simple et sans risque. C'est au printemps 2000 qu'a brillé une nouvelle lueur d'espoir.

Des chercheurs de l'Université de Maryland se sont rendu compte que la protéine humaine « zonuline », qui régularise la perméabilité de la paroi intestinale, atteint un niveau sanguin plus élevé chez les cœliaques en phase aiguë. Cette découverte suggère qu'un niveau élevé de zonuline est un facteur contribuant au développement de la maladie cœliaque, ainsi qu'à d'autres maladies auto-immunes, comme le diabète, la sclérose en plaques et l'arthrite rhumatoïde.

Le médecin Alessio Fasano explique que la zonuline agit comme un agent de la circulation ou un garde-barrière pour les tissus du corps. Elle ouvre des espaces entre les cellules, permettant le passage de certaines substances, tout en fermant l'entrée aux bactéries nuisibles et aux toxines. Chez les cœliaques ayant un niveau élevé de zonuline, cela équivaudrait à garder la barrière ouverte, permettant au gluten et à d'autres substances nocives de traverser. La zonuline serait aussi impliquée dans le fonctionnement de la barrière impénétrable entre la circulation sanguine et le cerveau. Le Dr Fasano ajoute que d'autres recherches sont nécessaires pour comprendre l'impact de cette découverte, mais précise que pour une raison quelconque, lorsque le niveau de zonuline devient incontrôlé, le corps tend vers une maladie auto-immune. Il admet qu'on est au seuil de découvertes excitantes sur le sujet.[1]

Une autre découverte intéressante provient du Dr Luis Sorell et de ses collègues du Center for Genetic Engineering and Biotechnology de La Havane, à Cuba, où ils ont expérimenté avec un nouveau test d'anticorps anti-transglutaminase qui diagnostiquerait la maladie cœliaque en moins de 10 minutes. Pour en déterminer l'exactitude, ils ont évalué 50 patients avec une maladie cœliaque non traitée et 40 patients souffrant d'autres maladies gastro-intestinales. Les résultats ont montré une exactitude de 100 %; ils étaient positifs chez tous ceux atteints de la maladie coeliaque, et négatifs chez tous les autres. Le test consiste en une bandelette réactive de nitrocellulose (semblable à celle utilisée par les diabétiques pour vérifier la glycémie) qui est imbibée de sang. Ultérieurement, ce test pourrait permettre de tester la population en général à peu de frais.[2]

Les études et les recherches sur tous les aspects de la maladie cœliaque se poursuivent. Chaque nouvelle découverte permet d'espérer une solution permanente dans un avenir proche. Nous devons aussi comprendre notre chance que la maladie cœliaque se soigne sans traitement médical pénible, chirurgie ou médicament quotidien. Il faut se souvenir d'accueillir chaque bon moment avec le sourire et de l'apprécier au maximum.

Glossaire

ADN : Constituant essentiel des chromosomes, se trouve principalement dans le noyau cellulaire : porte l'information génétique de l'organisme. Aussi appelé acide désoxyribonucléique.

ARN : Exécute les instructions génétiques pour la synthèse des protéines ; se trouve à l'extérieur du noyau cellulaire. Aussi appelé acide ribonucléique.

Anticorps : Protéine synthétisée par le corps en réponse à l'introduction dans l'organisme d'une substance étrangère dite antigène et qui est capable de se combiner avec cet antigène pour le neutraliser. Aussi appelé immunoglobuline.

Antigène : Substance considérée comme étrangère par le corps et provoquant la production d'anticorps par le système immunitaire.

Auto-immune : Se dit d'une maladie où le corps fabrique des anticorps contre ses propres cellules.

Biopsie : Prélèvement sur un être vivant d'un fragment de tissu en vue d'un examen microscopique pour déterminer s'il y a présence de maladies ou d'autres problèmes.

***Candida albicans* :** Levure provoquant un ensemble de malaises et de symptômes lorsqu'elle est présente en quantité excessive dans le corps.

Cellule : Unité fonctionnelle contenant un noyau, qui forme la base de toute structure animale et végétale. Elle est la plus petite structure capable d'effectuer les activités vitales.

Congénital : Présent à la naissance.

Équilibre acido-basique : Situation dans laquelle le pH du sang se maintient entre 7,35 et 7,45. Le pH est la mesure de l'acidité ou de l'alcalinité d'une solution, dans ce cas-ci, le sang. Son échelle est de 0 à 14 ; 7 est neutre, plus que 7 indique l'augmentation de l'alcalinité (on emploie le terme base ou basique), et moins que 7 indique l'augmentation de l'acidité.

Gliadine : Protéine du gluten de blé, qui est toxique aux cœliaques.

Gluten : Masse de protéines qui reste après l'extraction de l'amidon des farines de céréales. Présent principalement dans le blé, l'orge, le triticale, le seigle et l'avoine.

Intestin grêle : Autre terme pour le petit intestin, incluant le duodénum, le jéjunum et l'iléon.

Lymphome : Toute tumeur, généralement maligne, due à une prolifération des cellules du tissu lymphoïde.

Muqueuse : Membrane qui tapisse les cavités de l'organisme et qui est lubrifiée par la sécrétion de mucus. La muqueuse intestinale est la paroi interne de l'intestin.

Myéline : Substance constituée de lipides et de protéines qui forme une gaine entourant certaines fibres nerveuses.

Neurotransmission : Passage de l'influx nerveux, au niveau des synapses, d'un neurone (cellule nerveuse) à un autre ou d'un neurone à une cellule sensorielle, glandulaire ou musculaire.

Nutriment : Tout élément contenu dans les aliments et qui peut être utilisé par l'organisme sans subir de transformation digestive pour être assimilé par les cellules. Les aliments sont transformés en nutriments sous l'action des sucs digestifs. Ils sont généralement classés en glucides, lipides, protéines, vitamines et sels minéraux.

Ostéomalacie : Déminéralisation des os de l'adulte, secondaire à l'absence d'ingestion de produits laitiers, à la carence solaire, à des troubles digestifs entravant l'absorption calcique et à la stéatorrhée (excès considérable de matières grasses excrétées dans les selles). Déminéralisation douloureuse du squelette due à une carence en vitamine D.

L'ostéomalacie respecte l'épaisseur et le nombre des travées osseuses, ce qui la distingue de l'ostéoporose. La plupart des ostéomalacies sont curables par des doses de vitamine D. Le terme d'ostéomalacie est traditionnellement réservé à la maladie de l'adulte, les ostéomalacies de l'enfant et de l'adolescent étant appelées « rachitisme ».

Stéatorrhée : Excès considérable de matières grasses excrétées avec les selles.

Système immunitaire : Système dont les cellules et les anticorps attaquent les substances étrangères ou empêchent leur entrée dans l'organisme.

Tissu : Groupe de cellules semblables qui remplissent une même fonction. Les tissus primaires de l'organisme : épithélial, conjonctif, musculaire et nerveux.

Villosités intestinales : Poils ou saillie filiforme de la muqueuse de l'intestin grêle qui multiplient la surface de contact pour faciliter l'absorption des aliments.

Notes

Chapitre 1

1. STEWARD, Dr James S., médecin consultant, « History of the Coeliac condition », sur le site : http://osiris.sunderland.ac.uk

2. TRUM HUNTER, Beatrice, Gluten Intolerance, Keats Publishing, 1987, p. 3.

3. STEWARD, Dr James S., art. cit.

4. KORN, Danna, Kids with Celiac Disease, Woodbine House, 2001, p. xix.

5. STEWARD, Dr James S., art. cit.

Chapitre 2

1. « Celiac in the 90's », Sprue-Nik Press Eighteenth Edition, mars 1995.

2. J Pediatri Gastroenterol Nutr, juillet 1995, 21:1, 69-72.

3. SCAND, J., CIACCI et coll., , Gastroenterol, novembre 1995, 30:11, 1077-81.

Chapitre 3

1. « Celiac in the 90's », Sprue-Nik Press Eighteenth Edition, mars 1995.

Chapitre 4

1. MARIE, P., MIRAVET, L., « Ostéomalacies », in Maladies métaboliques osseuses de l'adulte, D. Kuntz éd. Médecine Sciences Flammarion, Paris, 1996, p. 218-233.

2. MERCOLA, Dr Joseph, Optimal Wellness Health News, 5 mars 2000, no 143.

3. TRUM HUNTER, Beatrice, Gluten Intolerance, Keats Publishing, 1987, p. 10-11.

4. http://www.nutramed.com/digestion/gluten.htm

5. SCOTT, D.L., COULTON, B.L., SYMMONS, D.P.M. et coll., « Long-term outcome of treating rheumatoid arthritis : Results after 20 years », Lancet i :1108-11, 1989.

6. Gut 2000; 46: 332-335.

7. CIACCI, C., CIRILLO, M., AURIEMMA, G., DI DATO, G., SABBATINI, F., MAZZACCA, G., Am J Gastroenterol, 1996; 91 (4): 718-22.

8. Lancet, 2000;356:399-400,

9. HALLERT, C., ASTROM, J., WALAN, A., « Reversal of psychopathology in adult celiac disease with the aid of pyridoxine (vitamin B6) », Scand J Gastroenterol, 1983;18:299-304.

10. CORVAGLIA, L., CATAMO, R., PEPE, G., LAZZARI, R., CORVAGLIA, E., « Depression in adult untreated celiac subjects : diagnosis by a pediatrician », American Journal of Gastroenterology : 1999, Mar; 94(3): 839-843.

11. SAELID G. et coll., « Peptide-containing fractions in depression », Biol Psychiatry 1985;20:245-256.

12. « Genetics study by Dr. John Todd at Oxford », New York Times, 13 septembre 1994.

13. J Pediatr Gastroenterol Nutr 2001;33:462-465.

14. TRUM HUNTER, Beatrice, Gluten Intolerance, Keats Publishing, p. 10.

15. PFEIFFER, Carl C., Nutrition and mental illness, p. 53.

16. TRUM HUNTER, Beatrice, op. cit., p. 12-13.

17. DOHAN, Dr F. C., « More on celiac disease as a model for schizophrenia », Biol. Psychiatry 1983;18:561-564.

18. J Intern Med, novembre 1997;242(5):421-423.

19. American Journal of Medical Genetics, 2001;98:70-74.

Chapitre 5

1. GUT 2002;50:332-335.

2. RONA, Zoltan P., Return to the Joy of Health, 1995, p.328.

3. AURICCHIO, S. et coll. « Does breastfeeding protect against the development of clinical symptoms of celiac disease in children », J Pediatr Gastroenterol Nutr 1983;2(3):428-433.

4. AURICCHIO, 1983; GRECO et coll.,1988; KELLY, 1989.

5. BOURGUERRA, F. et coll., « Breastfeeding effect relative to age of onset of celiac disease », Arch Pediatr, juin 1998;5(6):621-626.

6. Article de Karoly Horvath, sur www.celiac.com

7. TRONCONE, R. et coll., « Passage of gliadin into human breast milk », Acta Pediatr Scand, 1987;76:453.

Chapitre 6

1. The Canadian Celiac Association Handbook, 3e édition, p. 53.

2. Ann Whealan, « Gluten-Free », Living, septembre/octobre 2000.

3. « Gluten-Free », Living, mars/avril 1999.

4. « Products for patients with special needs », Non-prescription products : Formulations and Features, American Pharmaceuticals Association, 1997-1998, p. 14-17.

Chapitre 7

1. KORN, Danna, Kids with Celiac Disease, 2001, p. 125.

Conclusion

1. Lancet 2000, 29 avril;355:1518-1519.

2. Lancet 2002, 16 mars;359:945-946.

Bibliographie

Atlas du corps humain et de la sexualité,
Éditions Sans Frontière, 1989.

BAGGISH, Jeff, *How Your Immune System Works,*
Ziff-Davis Press, 1994.

BALCH, James F. et BALCH, Phyllis A., *Prescription for Nutritional Healing,* Avery Publishing Group Inc., 1990.

BARCZAK, Carola, *How to Manage Common Food Allergies and Retain Your Sanity,* Health Naturally, juin/juillet 1998.

BATESON-KOCH, Carolee, *Allergies,*
Disease in Disguise, Alive Books, 1994.

BENNETT, Aileen M., *Coping with Celiac,*
the Great Masquerader, A + G Publishing, 1998.

BLAND, Jeffrey S., *Applying New Essentials in Nutritional Medecine,* HealthComm International Inc., 1995.

BRUNNER SHOLTIS, Lillian et SUDDARTH SMITH, Doris, *Soins infirmiers en médecine-chirurgie,* Éditions du Renouveau pédagogique inc., 1985.

CHAPUT, Mario, *Traitement naturel des allergies,*
Fleurs sociales, 2000.

COMBY, Bruno, *Renforcez votre immunité,*
Les éditions de l'homme, 1994.

COURCHESNE, Dr Alain, *L'énergie douce des thérapies naturelles,*
Éditions de Mortagne, 1993.

CROOK, William G. et HURT JONES, Marjorie, *The Yeast Connection Cookbook,* Professional Books, 1989.

DAVIES, Lesley, « Grains from Your Health Food Store », in Alive Canadian Journal of health and nutrition, octobre, 1991.

ELIE, Monick Juliette, *Un blé noir porteur de lumière : le sarrasin*, Vitalité Québec, mars 2002.

ERASMUS, Udo, « Essential fat facts », in Alive Canadian Journal of health and nutrition, novembre 1999.

FATTORUSSO, V, et RITTER, O., *Vademecum Clinique*, 15e édition, Masson, 1998.

FRENETTE, Gisèle, *Séance de nutrition (documentation de cours)*, 1995.

GARRISON, Robert, Jr., et SOMER, Elizabeth, *The Nutrition Desk Reference*, Keats Publishing Inc., Connecticut, 1985.

HOWELL, Dr Edward, *Enzyme Nutrition, The Food Enzyme Concept*, Avery Publishing Group Inc., 1985.

HURT JONES, Marjorie, *Super Foods*, Mast Enterprises Inc., 1990.

KEITH, Velma J., et GORDON, Monteen, *The How to Herb Book*, Mayfield Publications, 1984.

KORN, Danna, *Kids with Celiac Disease*, Woodbine House, 2000.

KOUSMINE, Dre C., *Soyez bien dans votre assiette jusqu'à 80 ans et plus*, Primeur/Sand, 1985.

L'Académie de phytothérapie du Québec inc., *Nutrition et vitamino-thérapie*, Les Laboratoires Vachon, Inc.

La pharmacie naturelle, *L'immunité*, détails inconnus.

LABERGE, Danièle, *Les allergies alimentaires*, Armoire aux herbes inc.

LEE, John R., *What Your Doctor May Not Tell You About Menopause*, Warner Books, 1996.

LE FERS-DUPAC, Pénélope, *230 recettes spéciales pour allergies au gluten*, Jacques Grancher, 1982.

LIPSKI, Elizabeth, *Leaky Gut Syndrome*, Keats Publishing, Los Angeles, 1998.

MARIEB, Elaine N., et LAURENDEAU, Guy, *Anatomie et physiologie humaines*, Éditions du Renouveau pédagogique Inc., 1993.

MATSEN, Dr John, *Eating Alive*, Crompton Books, 1987.

MINDELL, Earl, *Vitamin Bible*, Warner Books, 1991.

MURRAY, Michael T., *Arthritis*, Prima Publishing, 1994.

PFEIFFER, Carl C., *Nutrition and Mental Illness*, Healing Arts Press, 1987.

RIORDAN, J., et AUERBACH, K., *Breasfeeding and Human Lactation*, 2e édition, Boston et Londres : Jones et Bartlett, 1999.

RONA, Zoltan, *Encyclopedia of Natural Healing*, Alive Publishing Inc., 1997.

RONA, Zoltan, *Return to the Joy of Health*, Alive Books, 1995.

RUDIN, Donald et FELIX, Clara, *Omega 3 Oils*, Avery Publishing Group, 1996.

STARENKYJ, Danièle, *Le mal du sucre*, Publications Orion Inc., 10e édition, 1990.

Taber's Cyclopedic Medical Dictionary, 10e édition), The Ryerson Press, 1965.

TRUM HUNTER, Beatrice, *Gluten Intolerance*, Keats Publishing Inc., Los Angeles, 1987.

WERBACH, Melvyn R., *Nutritional Influences on Illness*, 2e édition, Third Line Press, 1993.

Sites Internet

www.afdiag.com

www.autisme.qc.ca

www.celiac.ca
(Association canadienne de la maladie cœliaque)

www.celiac.com

www.csaceliacs.org

www.direct-ms.org/roger.html

www.enabling.org/ia/celiac

www.finerhealth.com

www.fqmc.org
(Fondation québécoise de la maladie cœliaque)

www.gluten.net

www.maladiecœliaque.com

www.mayoclinic.com

www.mercola.com

www.ncbi.nlm.nih.gov/entrez/query.fcgi?db=PubMed

www.nutramed.com/celiac

www.servicevie.com

Commandez notre catalogue
et recevez, en plus,

UN LIVRE CADEAU
AU CHOIX DU DÉPARTEMENT DE L'EXPÉDITION
et de la documentation sur nos nouveautés * .

* DES FRAIS DE POSTE DE 5,00 $ SONT APPLICABLES. FAITES VOTRE CHÈQUE OU MANDAT POSTAL AU NOM DE **LIVRES À DOMICILE 2000**

Remplissez et postez ce coupon à
LIVRES À DOMICILE 2000, C.P. 325, Succursale Rosemont,
Montréal (Québec) CANADA H1X 3B8

LES PHOTOCOPIES ET LES FAC-SIMILÉS NE SONT PAS ACCEPTÉS.
COUPONS ORIGINAUX SEULEMENT.

Allouez de 3 à 6 semaines pour la livraison.

* En plus de recevoir le catalogue, je recevrai un livre au choix du département de l'expédition. / Offre valable pour les résidants du Canada et des États-Unis seulement. / Pour les résidants des États-Unis d'Amérique, les frais de poste sont de 11 $. / Un cadeau par achat de livre et par adresse postale. / Cette offre ne peut être jumelée à aucune autre promotion. / Certains livres peuvent être légèrement défraîchis. **LE CHOIX DU LIVRE CADEAU EST FAIT PAR NOTRE DÉPARTEMENT DE L'EXPÉDITION. IL NE SERT À RIEN DE NOUS INDIQUER UNE PRÉFÉRENCE.**

Intolérance au gluten (#551)

Votre nom: ....

Adresse: ....

....

Ville: ....

Province/État ....

Pays: ....Code postal: ....

Date de naissance: ....

Intolérance au gluten (#551)

EDIMAG
PRÈS DU PUBLIC

VISITEZ NOTRE SITE INTERNET
www.edimag.com

pour consulter notre catalogue
et commander vos livres préférés.

UNE FAÇON SÛRE ET EFFICACE
POUR ACHETER DES LIVRES
SANS VOUS DÉPLACER.

Intolérance au gluten (#551)

Intolérance au gluten (#551)